# 服装整合营销

宋琨　鲁成　邵丹　主编

东华大学出版社·上海

**图书在版编目（CIP）数据**

服装整合营销 / 宋琨，鲁成，邵丹主编 . — 上海：东华
大学出版社，2024.1
ISBN 978-7-5669-2289-2

Ⅰ . ①服… Ⅱ . ①宋… ②鲁… ③邵… Ⅲ . ①服
装－品牌营销－研究 Ⅳ . ①F768.3

中国国家版本馆CIP数据核字（2023）第224310号

责任编辑　洪正琳
封面设计　陈海荣、冯　敏
版式设计　上海三联读者服务合作公司

服装整合营销
**FUZHUANG ZHENGHE YINGXIAO**

主　　　编：宋琨　鲁成　邵丹
出　　　版：东华大学出版社（上海市延安西路1882号，邮政编码：200051）
出版社网址：http://dhupress.dhu.edu.cn
出版社邮箱：dhupress@dhu.edu.cn
发 行 电 话：021-62193056　62379558
印　　　刷：上海光扬印务有限公司
开　　　本：787mm × 960mm　1/16
印　　　张：14.25
字　　　数：319千字
版　　　次：2024年1月第1版
印　　　次：2024年1月第1次印刷
书　　　号：ISBN 978-7-5669-2289-2
定　　　价：58.00元

2023 年是东华大学服装与艺术设计学院的"而立"之年，建院已经三十年；学院的专业发展和学科建设也经历了四十余年。迄今为止，学院培养了约 1.5 万名毕业生，成为国内外服装科技与时尚设计行业的中坚力量，他们在中国服装服饰行业和时尚创意产业发展的各个阶段都发挥了重要影响并起到了中流砥柱的作用。

当前中国服装产业又到了一个十字路口，品牌建设成为下一阶段产业升级的重点发力点。三位服装品牌营销传播与运作管理的青年学者宋琨、鲁成和邵丹编撰出版《服装整合营销》正逢其时。他们既是东华大学服装与艺术设计学院的优秀校友，同时又站在母校的讲台手执教鞭启迪新锐学子，肩负培养时尚营销传播和服装品牌管理专业人才的责任。

该书的主编宋琨老师具有丰富的营销传播行业实践经验，他在美国获得服装商品营销管理方向的博士学位后又在美国企业工作多年；鲁成老师具有扎实的消费者行为研究背景；邵丹老师则长期开展服装产业经济问题研究。三位学者的相互合作使得《服装整合营销》这本书具有鲜明的特色。

首先，该书聚焦于当下服装市场营销实践中的核心问题——品牌传播与营销沟通。品牌建设意味着大量的企业资源被投入营销传播环节中，营销沟通的水平是品牌企业的核心竞争力之一。该书优选了具有时代特色的大量案例，对营销传播的意义不但予以系统阐述，而且对营销传播的抽象原则也进行了具象化的描述，使读者能够从具体案例中深入浅出地了解、认识更多的营销传播和品牌管理的相关问题。其次，该书充分考虑了服装行业的特殊性，对一般性营销原理进行了取舍，对不完全适用于服装行业的部分进行了删减和调整。这使得该书更加贴切对应当前服装企业遇到的问题，为读者指明精确思考的焦点问题。在此基础上，作者们将多年来的研究、实践和咨询的经验融会贯通，提出了相应的解决路径和方法。最后，该书引用了许多对服装营销实践一线的专业人士的访谈。他们的直观体验和意见生动地展现了服装行业的面貌，为行业当前和未来的从业者和领导者提供了有益的思考方向。因此，该书既适合服装企业在管理人员、培训人员方面参考查阅，同时也满足了在校师生对服装品牌营销管理与时尚传播专业知识的研究学习需求。

李　俊

东华大学服装与艺术设计学院

2023 年 10 月

　　未来十年，服装行业对营销类人才的需求将十分强烈。改革开放经过了四十多年的发展，如今的纺织服装产业已经成为国民经济不可或缺的组成部分。纺织服装行业从以对外贸易为主，发展到日益庞大的内需市场。在国内国际双循环战略的背景下，如何同步增益国内和国际市场是现阶段服装企业面临的课题。作为服装教育工作者，他们将肩负起培养具有国内、国际竞争力的营销人才的使命。

　　品牌建设是众多服装企业转型升级、提升产品附加价值的手段。国家"十四五"规划纲要首次提出"开展中国品牌创建行动"计划，并提出要在化妆品、服装、家纺、电子产品等消费领域率先培育出属于中国的高端品牌。2022年，凯度公司BrandZ最具价值中国品牌100强排名中有许多服装品牌上榜，由此可见服装企业在品牌附加价值的推动下仍有持续上升的潜力。这些因素使得市场营销人才成为服装行业的稀缺资源。

　　就当前服装产业发展情势而言，服务于品牌建设的市场营销人才需求量高，而作为服装行业的稀缺资源，拥有服装专业背景的营销人才却存在缺口。许多服装企业中高层营销管理者多为其他行业转入，本土品牌也大量从跨国公司中吸纳具有相关工作经验的人才。好在与此同时，东华大学服装与艺术设计学院及其他纺织服装类兄弟院校近年来也持续向营销类岗位输出了大量毕业生，他们已经活跃在服装企业营销实践的第一线。他们思维活跃、创造力强、行动力突出，已经在向着引领服装行业发展的主力军靠近，假以时日应将成为服装行业的领导者。

为满足服装行业对营销类人才的需求，专业性服装教育中的营销类课程比重也逐渐提高。东华大学服装与艺术设计学院于2021年起，开设了"整合式营销"选修课。该课程一经开出便得到了学生们的热烈响应。选课人数连续达到课程设置的上限。但遗憾的是，目前还没有一本合用的教材。以往课程使用的是国外引进的整合式营销通用教材，教材内对于服装行业的独特性、专业性的问题，没有系统地阐述。区别于许多消费品企业，服装企业以产品创新为核心居多。服装商品本身的体验性和外显性使服装商品本身成为重要的营销触点，是传递品牌理念和价值的重要载体。在整合营销的逻辑讲述中应考虑这一产业特点。

　　目前许多服装院校都有开设"服装市场营销"课程，多是内容偏原理性的营销入门类课程。东华大学出版社的《服装市场营销》（杨以雄主编）是这门必修课的主要教材，该教材相对侧重于营销基础理论和原则的讨论，作为服装设计与工程方向学生管理课程的理论铺垫。但从课程设置和知识应用的角度，营销类课程体系应当在基础原理学习后有进一步的延伸。"整合式营销"课程定位为"服装市场营销"经典课程的延伸课程。特别之处在于，"整合式营销"课程以企业的营销需求为导向，阐述如何根据企业的内外部情况制定合理的营销策略，如何将策略转变为具体的计划，以及如何将计划付诸实施并评估其实际表现等实践性问题。这些问题的解决方法、思路、工具等是未来营销者知识储备中必不可少的内容。通过后续课程的开设以及相关教材的引入，以期带领学生更为有效地掌握企业营销实践的有关知识，让学生在本科专业学习的过程中形成对服装市场营销实务全貌的了解，进而支撑培养既有战略性思维又能进行实战的人才的目标。"整合式营销"课程的开设及专业教材的编写出版和应用，体现了专业教学训练的延续性，为营销类课程解决理论实践和实战应用问题提供了最佳途径和指导方案。

营销学科开设的整合营销课程多采用国外原版教材或者翻译教材，固然有其好处：在话语体系上便于与国际同行接入。但中国的营销行业走向了一条颇具特色的道路，以阿里巴巴、腾讯、字节跳动等为代表的电商和数字营销平台深刻影响了产业生态。天猫平台几乎以一己之力改变了中国消费者的服装消费习惯，大量中小型制造企业也凭借着电商平台快速进入中国消费市场。与此同时速卖通、亚马逊等电商平台也为许多中国品牌出海提供了销售渠道。这些产业生态环境的改变为营销提供了新的渠道和工具，同时也推动着营销教育不断革新、与时俱进。这些背景决定了整合式营销的教学和教材很难直接照搬国外教材，编写一本针对中国服装行业的营销实践问题的教材十分必要。

随着信息技术和工具的发展，教育工作者不得不重新思考大学教育所提供的价值，特别是以 ChatGPT 为代表的人工智能技术的普及，使得人们对于知识记忆的依赖大大降低，因此，培养学生拓宽眼界、发现问题、自主判断、梳理逻辑、独立思考的能力等将会是大学教育的重点。这也是课程设置和编写本书的一个重要出发点。作为学科延伸课程，《服装整合营销》的编写过程力图体现以下几个特色：

首先，本教材立足于企业营销实践中的具体问题，对当前企业遇到的现实问题和困境不予回避，并试图对它们进行梳理和处理。其次，本教材不仅仅进行原理和原则的学术科普，也注重对解决方法和方案制定的说明，并通过具有时代特征的案例加深读者对问题和解决方案的认识。另外，本书中对专业人士的访谈内容也是一大特色，旨在透过专业人士的见解来展示营销问题在具体实践中呈现的样貌，给读者提供参考。

在教材框架设计和内容编排上遵循循序渐进、深入浅出的原则，从企业营销实践中的问题出发，层层推进，落实到产业界相对成熟的解决方案。教材进一步以实践训练系列内容为抓手，引入多元化实践工具，强化学习效果。

本教材的核心读者为纺织服装专业院校学生和学者。对于服装专业的学生，本教材可帮助其熟悉营销的话语体系，并训练核心的分析和思考技能。教材也力图使学生在学习阶段能够对行业的发展产生清晰的认知，领悟市场营销的作用和价值，激发学生从事这一领域的热忱，提高学生对服装行业的信心。

本教材的目标读者还包括服装企业的专业营销人员、企业管理者和其他职能部门的专业人员。对于企业管理者来说，他们可以从本教材中了解营销方案的逻辑、流程和内容，对所需的人力、物力成本有基本的了解，对营销的产出有理性的期望，以便他们能更合理地管理和协调营销和其他职能的关系。对于营销管理者和专业营销人员来说，本教材可作为一本参考书，帮助他们了解营销方案的构成要素及需要注意的关键问题。对于服装企业其他职能部门人员来说，本教材也提供了十分必要的知识框架。比如，营销中的目标消费者、传播内容、传播渠道、品牌价值等概念，对产品开发团队而言，这些都是非常重要的思考角度。对于产品企划团队来说，了解营销工具的作用及其局限性将有助于他们在计划中对市场和销售情况做出更准确的预测。

本教材分为三篇。第一篇为理论篇，介绍营销行业的运行机制，服装企业在实行整合式营销过程中的前沿问题，服装企业整合式营销的工具，以及服装品牌形象与市场细分策略等战略性问题。第二篇为实践篇，讨论企业营销实践中的具体问题和解决方案，包括如何制定整合式营销策略，如何将策略转化为可操作的计划，如何有效地执行和管理营销计划等问题。第三篇为案例篇，选取一些国内和国际服装品牌营销案例，从整合式营销的角度进行评述，帮助读者更具象化地理解本教材阐述的理论思维。我们希望这本教材的出版能为中国服装教育和服装产业的发展尽一份绵薄之力。

本教材的写作得到了多位本科和硕士学生的大力协助。章冰珏编写了本教材的第二章。冯敏编写了本教材的第三章。周梦涵进行了第五章的编写，并对全书的文字进行了润色和校对工作。唐雨晴编写了本教材的第六章。阳思骁编写了本教材的第七章。

诸虹沁编写了本教材的第八章。文镱澎编写了本教材的第十一章和第十三章，并对第九章、第十章和第十二章进行了编辑。在此向她们出色的工作表示衷心的感谢。

宋　琨

2023 年 8 月 6 日

**案例篇　服装品牌整合营销案例综述**

理论篇

服装企业的整合式营销

# 第一章　服装整合营销传播导论

　　整合式营销传播是伴随企业的经营环境的变化应运而生的商业流程。其目标是整合企业的各种传播渠道，使它们协同一致地为同一个传播目标服务，使营销传播的收益最大化。经历了多年的发展，整合营销传播流程已经形成十分庞杂的产业链条，包含多种相互依存的产业。目前我国服装产业正在经历从制造型企业为主转变为以品牌企业为主的过程。整合营销传播将是服装企业进行品牌建设必不可少的工具。本章目标是使读者了解整合营销传播的意义，对营销传播的产业链条有初步的认识，对整合营销有关的人才需求有一定了解。

## 1.1　营销与营销传播

营销（marketing）是企业吸引顾客参与，建立牢固的客户关系，为顾客创造价值进而从顾客那里获得价值回报的过程。它始于了解市场和消费者的需求，然后设计顾客驱动型的营销战略，创造营销方案以传递卓越价值，建立可获利的顾客关系并使顾客愉悦，最终从顾客处获取价值以创造利润及顾客资产。对于服装企业而言，营销的意义在于创造顾客价值，具体通过以下四个方面的工作来实现。

其一，了解顾客的需要（needs）并为他们提供市场供应品（marketing offerings），如产品、服务等。市场营销不仅需要注意消费者的产品需求，更需要将产品和服务结合起来，为顾客创造品牌体验。

其二，制定以顾客为中心的营销战略，明确目标市场，确定企业或品牌的价值主张，实现品牌在市场上的差异化定位。

其三，基于营销战略，构建整合市场营销传播策略和计划，把企业的产品和服务推广给潜在消费者，以满足企业的目标、需求和目标客户的需求，并达到企业和消费者之间的共同满意。营销传播的方案包含营销渠道和传播内容的组合，是企业执行营销战略的手段。

其四，维护顾客关系，创造顾客满意度和忠诚度。满意的顾客会花更多的钱和时间在该企业上，并更愿意向其他人宣传该企业的产品和服务。满意和忠诚的顾客是实现企业成长和维持市场地位的动力来源。

**营销传播**（marketing communications）在营销过程中起到连接品牌和消费者的作用，是企业传递顾客价值、实现商业目标的关键环节。在中国服装消费市场日益成熟、服装产业品牌化的背景下，营销传播的重要性日益提升，拥有敏捷、高效、准确的营销传播能力是当前服装企业必不可少的竞争力。

## 1.2　整合式营销传播

**整合式营销传播**（integrated marketing communications）这一概念最早由唐·舒尔茨（Don Schultz）提出。整合式营销传播是一种战略性的商业流程，用来规划、开发、执行和评估品牌沟通计划，是将与企业市场营销有关的一切传播活动进行整合的过程。该过程的目标是建立与消费者、顾客、潜在消费者、雇员、合作伙伴及其他相关的内部和外部的目标受众的沟通，产生短期的收益回报，并建立长期的品牌价值。需要强调的是，整合营销并非单纯战术上的多种沟通活动的组合，而是一种战略性的商业流程。

整合式营销的战略性意义来自当今企业的经营环境的变化。电子媒体已取代了电视、广播、报纸、杂志等传统媒体，成为触达消费者的主要信息平台。层出不穷的各类网站和移动设备 App 将消费者分割成零散的群体，增加了品牌触达目标消费者的难度。为了应对媒体及受众的分化和消费者的态度变化，品牌需要针对细分市场选择更有针对性的媒体进行营销投入，并采用不同寻常的方式吸引目标客群。这些趋势使品牌沟通成为一项极具挑战的任务。企业需将一切传播活动进行整合，才能使营销的收益最大化。

整合营销的主要传播工具包含广告（advertising）、直复营销（direct marketing）、数字 / 互联网营销（digital/online marketing）、销售促进（sales promotion）、公共宣传（publicity）、公共关系（public relations）和人员促销（personal selling）等。广告能同时向大规模群体传递信息，但很难得到消费者的及时反馈。直复营销包括电话营销、邮寄目录、直接反应广告等。数字 / 互联网营销以社交媒体为主要媒介，凭借其互动性成为整合营销的重要工具。销售促进指向销售人员、中间商、最终消费者提供附加价值和激励的营销活动，包括优惠券、样品试用等，由于消费者对价格敏感度的提升，许多公司将其促销中心从广告转向销售促进。公共宣传指非直接收费或非明确的赞助运作，是关于组织、产品、观念等的非人际传播，如关于组织或产品服务的新闻报道，其优势在于官方媒体的可信度往往大于品牌媒体，但官方媒体的报道往往难以控制，且存在负面报道的可能。公共关系是机构和公众之间建立互利关系的策略性传播活动，它的目的在于保持品牌在公众中的良好形象。人员促销是一种人际沟通方式，由买卖双方直接接触，可及时获取更准确的信息反馈。

消费者对品牌的体验来自他们与品牌在不同时间和空间的接触，这些接触的时机被称为**品牌触点**（touch points）。品牌触点包括公司创造的触点、固有触点、不可预测触点和消费者自发触点等几个方面。公司创造的触点指公司创造的计划性传播信息，如广告、包装、发布会等。固有触点指消费者在购买或使用产品及服务时与品牌发生的互动，如在线下店铺购买时与导购发生的讨论。不可预测触点是与品牌有关，但不受组织控制、不可预测的参照或信息，如口碑传播、消费者评论。消费者自发触点是消费者或潜在消费者接触品牌时发起的互动，如网络或电话投诉。整合营销的任务是统筹使用品牌的所有传播工具，使品牌各个触点产生协同效应，使消费者形成一致的、完整的、立体的品牌体验。

整合营销传播是市场博弈的必然产物，它强调企业营销行为的整体性；强调消费者导向，以消费者为核心重构产品与服务；重视多种传播手段的综合运用，有利于品牌及时、有效地完成与消费者的互动，从而最大限度发挥营销资源的价值。服装作为在产品、品牌和市场细分等方面都极具特殊性的行业分支，其营销传播应从商业、技术和艺术相结合的角度向消费者提供实用价值、体验价值和情感价值。

## 1.3  整合营销传播的工作流程

整合营销传播是一项包括多个步骤的商业流程，我们大致可以把这个流程划分为5个步骤，包括了解市场和顾客、制定传播策略、制定传播计划、执行传播计划、评估和改进（图1.1）。

图 1.1　整合营销传播的工作流程

**了解市场和顾客**

在开始整合营销工作之前，需要对产品和服务的对象和市场有一个全面和清晰的认识。营销人员需要回答一些关于市场和顾客的基本问题，例如，这个市场有多大的空间，品牌的主要顾客是谁，他们的购买力如何，他们有哪些与产品和服务有关的痛点等，这些问题的答案是制定有效的营销策略的基础。

**制定传播策略**

整合营销传播的第二步是传播策略的制定。这一步骤的目的是在对市场和顾客充分了解的基础上，根据公司的商业目标来确定营销传播活动的方式和内容，为传播计划指明方向、提供蓝图。这项工作包括明确传播活动的受众、传播活动的形式、传播的内容、确定活动预算和持续时间等。

**制定传播计划**

传播计划是传播策略具体化的过程，是整合营销传播活动实施的关键步骤。整合营销传播可能涉及企业内部不同部门的协同，也可能涉及多个企业外部直接和间接供应商的协同。传播计划是这些不同组织和部门协同一致的保障。传播计划的工作内容大致包括传播渠道方案的确定、预算的分配、活动时间表的制定、活动位置的确定，以及制定测量计划等。

**执行传播计划**

执行是整合营销传播的关键环节。企业应该按照策略和传播计划的要求，组织实施营销传播活动，包括拍摄广告、发布广告、举办活动、开展社交媒体营销等。传播计划的执行也包括执行过程中的监督和根据执行情况对计划进行必要的调整和优化。此外，执行的过程也应该按照测量计划进行数据收集，用于后续的效果评估和改进。

**评估和改进**

评估和改进是整合营销传播的最后一步，也是十分必要的一步。企业应该根据营销传播活动的实施情况来评估活动的效果，包括活动受众群体的触达情况、活动的受欢迎程度、活动的投资回报率等，以便为下一次活动提供参考，对不足之处进行改进，提升未来营销传播活动的效果，以实现企业的目标。

## 1.4 整合营销传播生态系统

整合营销传播这一商业流程自提出以来，经历多年的发展，已经形成十分庞杂的产业链条，包含多种相互依存的企业，可以被称为整合营销传播生态系统。狭义上的整合营销传播生态系统包含品牌企业（brand）、媒体公司（publisher）和代理公司（agency）三个主要角色。广义上的整合营销传播生态系统还可以包含各种服务供应商、自媒体、咨询公司、行业协会、监管机构等利益相关团体。

品牌企业需要通过整合营销传播将产品和服务推向市场，它们是营销传播活动的发起者，并为传播提供预算。媒体公司为营销传播活动提供载体，它们包括电视、报纸、杂志、户外大牌等传统媒体，也包括网站、App、电商平台等数字媒体。品牌以付费的方式将需要传播的内容以一定的时间和频率放置在不同的媒体上，使消费者可以接触这些内容。代理公司则按照品牌的需要，提供各种外包服务，包括营销活动的策划、计划、发布、汇报、研究等。它们中有很多负责媒体的采买和创意的实现，是营销预算的实际使用者。品牌企业、媒体公司和代理公司构成了相互依赖、各取所需的商业关系，如图 1.2 所示。

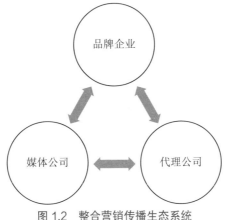

图 1.2　整合营销传播生态系统

在 Web3.0 时代，整合营销传播生态系统衍生出了围绕电商平台和社交媒体平台的产业链条和体系，这一体系围绕电商平台和社交平台的游戏规则而运转，同时它们又迫使电商平台和社交平台不断调整和完善这些规则，使营销传播和运营向更加专业化和精细化的方向发展。比如，依托电商平台的代运营公司、数据分析和服务公司、电商直播公司等；依托社交媒体平台的意见领袖、主播、MCN 机构等。它们在各个层面整合营销链条中的资源，提供各种创新性的营销和公关服务。

## 1.5 与营销传播有关的职业

### 1.5.1 公司类别

品牌企业、媒体公司、代理公司在营销传播产业链条上扮演了各自的角色，是选择与营销传播有关的职业时的重要考虑对象。

**品牌企业**

品牌企业是营销传播活动的需求方；基本上所有的品牌公司都需要拥有营销传播的职能。品牌企业中的营销人员掌握了营销传播资金的来源，拥有营销传播活动的最终决定权。他们肩负了为品牌实现商业目标的任务，需要具有战略性的思维，为营销传播的效果负责。虽然营销传播这一任务主要由品牌企业的营销或市场部门承担，但服装企业的其他职能部门如产品设计、商品计划、零售管理等部门也是营销活动的重要参与者。此外，一个整合营销传播项目可能涉及许多代理公司和供应商，品牌企业的营销人员需要进行大量的内部和外部沟通，以确保传播活动的顺利开展。

**媒体公司**

媒体公司，也称媒介公司，肩负了营销计划执行和落地的角色，这些公司的核心业务是广告策划和执行。这类业务要求工作者对品牌和传播有深刻的理解，对自身媒体的特征和优劣势有必要的认识，同时需要具有一定的创意和创新能力。此外，由于媒体公司在整合营销链条上扮演了供应商的角色，媒体公司的业务人员需要有较强的服务和销售意识。他们需要对客户的需求有敏锐的判断力，能主动发现客户的问题，并提出合理的建议来促成媒体销售的达成。

**代理公司**

代理公司按照其业务范围可分为公关、广告创意、媒体代理、电商代运营公司等，本教材将在营销传播的管理一章中着重介绍它们之间的差异。这类公司在整合营销链条上扮演中间人和咨询者的角色。它们通常和多个品牌进行合作，同时也掌握了大量的媒体渠道。这类公司的主要业务是营销活动的策划和计划，其业务人员需要有综合性的分析和策划能力，能统筹各种资源，帮助品牌实现营销目标。代理公司的营销人员需要具备较强的项目管理能力，能对项目过程中可能出现的风险进行预测，并在出现问题时进行及时地干预和沟通。

**咨询和调研公司**

咨询和调研公司是营销服务代理公司中较为特殊的一类。这类公司有的专注于品牌战略咨询，有的着重于市场和消费者研究。这类公司为整合营销传播策略的制定提供了重要的信息和情报。这类公司需要大量从事专业性的研究和分析的人员，同时也需要对客户的诉求有准确的理解和把握，为他们提供及时、准确、有用的信息服务。

### 1.5.2  职业方向

整合营销传播是一项系统工程，活动的开展需要多种资源的协调配合和许多人员的参与和协作。即使在同一公司的内部，为了提升项目管理的效率和专业度，也需要对项目的流程进行分解，进行人员和角色分工。这些不同的角色和分工也是整合营销从业者在进行职业选择时需要考虑的重要维度。具体参与分工维度如下。

**研究和洞察**

研究和洞察指针对消费者行为和心理、用户体验、竞争对手动向、行业发展趋势、既有销售表现、市场份额变化、品牌形象等各种信息进行统计、归类、筛选，然后进行分析性研究的工作，如市场细分研究、产品研究、定价研究、促销研究、分销研究等。

很多品牌企业专门成立市场洞察部门（market insights）来管理和市场洞察有关的研究。根据企业的具体需要，市场洞察岗位也可能被设立在一个或多个职能部门下，如设立在市场或营销部，重点关注消费者和市场趋势，或被设立在销售部，重点研究销售渠道和顾客体验。许多大型营销代理公司也设有洞察或研究部门，为传播项目的策划提供支持。

不论是在品牌企业还是在代理公司，洞察和研究人员都扮演着参谋和专家的角色。他们通常需要通过较为系统的研究方法训练，以获得客观分析信息的能力。同时，他们也需要有较广的知识面和敏锐的洞察力才能从各种现象中提取对营销传播有价值的信息。他们虽然不为具体传播项目的策划和执行负责，但他们为传播项目策划和设计提供了必不可少的支持。

**传播策划**

传播策划是品牌企业的市场或营销部门的核心工作。一些拥有多个品牌的企业设立的品牌经理往往也扮演了传播策划的角色。在服务代理公司和媒体公司中，传播策划人员更是公司的核心业务人员。传播策划人员扮演了具体传播项目领导者的角色，需要了解和把控整合营销传播的全部过程。这方面的工作主要包括制定推广主题；设定推广方式，如代言人的选择、线上与线下推广的搭配与资源投入比例、投放方向等；推广效果预测与财务预算。

在实际操作中，传播策划人员通常需要把预算通过表格的形式规范化地制作出来，表格的数据将包括各渠道的数量、效率、结果的预测等。他们也常需通过表格对传播的结果进行汇总和整理。传播策划人员不仅需要创意和创新能力，也需要对传播的目标有很好的理解。此外，由于传播策划涉及企业内外部资源的统筹和安排，传播策划人员也需要具备良好的人际沟通能力和项目管理能力。

**媒体采购**

媒体采购人员主要工作内容是根据媒体策略和计划来实施媒体的购买，与媒体供应商进行磋商，以合理的价格实现品牌所需的曝光。报刊、电视、户外广告、广播、网络、电梯广告、微信、短视频、微博、小红书等都是服装品牌常用的营销传播渠道。

媒体采购涉及不同媒体渠道和平台提供的不同的广告位。它们的价格和触达人群差异很大，采购人员需要对这些广告位的差异十分熟悉，因而在大型公司内，媒体采购人员常常按照媒体类别来进行分工。媒体采购人员也需要准确理解品牌和传播项目的目标，尽可能地以较低费用实现传播目标。媒体采购本身往往涉及较大的费用，是一项非常专业的任务，需要非常谨慎地与多个利益相关方进行沟通和协商。

**数据分析**

由于营销的数字化发展趋势，整合营销的过程中产生了大量数据。这些数据逐渐成为品牌和媒体平台的数据资产，对营销传播的流程和管理产生了深刻的影响。为了更好地挖掘这些数据的价值、提升传播的效率，许多品牌企业、媒体公司和代理公司都设有专门的数据分析团队，负责收集和利用营销传播过程中产生的数据。甚至一些传播形式，如**程序化购买**（programmatic buying），是直接以数据驱动的方式来进行的。数据工程师和数据分析师已经成为营销传播中不可或缺的角色。许多大学的商学院都开设有营销分析（marketing analytics）或商业分析（business analytics）专业，以满足市场对数据分析师的大量需求。数据分析师已经成为一项需要专业技能的职业。

**设计与创意**

在确定了在哪类平台上进行广告推广后，品牌需根据营销的目标有针对性地设计广告方案。广告制作涉及广告宣传品的设计、物料的选择以及物料的加工制作等环节。这些工作十分具有挑战性，对营销传播的效果有直接的影响，需要负责人具有较高的综合能力。广告是艺术与商业的结合。创意人员不但需要具有高超的创作能力，而且需要对创作的目标和应用场景有很好的理解，能有效地向内部和外部客户阐明创意的内涵。

设计与创意工作不仅是指广告创意，其他营销触点也需要设计与创意的支撑，如与顾客直接接触的产品和包装的设计、顾客互动环境的设计、内容营销的内容开发、公共关系的文案、客户关系管理（customer relationship management，CRM）中的促销内容等不一而足。技术的发展也进一步拓展了创意的边界，如营销内容自动化技术的应用，虚拟现实和增强现实（AR/VR）技术的应用等。目前市场已出现大量提供这类专业性服务的企业，形成了较为激烈的竞争格局。

**访谈：营销中创意环节的创业实例**

（访谈对象：郭文璐，东华大学毕业生，某创意工作室创业者）

**问：请问创意工作室的主要工作是什么？服务于哪些客户群体？**

**答：** 我们的创意工作室主要服务于各个品牌方，可能是制片找到我们，也可能是品牌内部的人从社交平台凭着作品找到我们。一般是品牌方将诉求告知广告商，广告商将主题传达给制片，制片找到工作室后，我们依据诉求和主题进行创意的设计和最终的拍摄，其中涉及美术指导以及拍摄等。成果以图片的形式呈现，而后就是后期的沟通和调整。

**问：决定独立创业前对于创意产出的流程是否已经非常熟悉？**

**答：** 是的，我在独立做自己的工作室或者说独立美术之前有过其他美术工作室的工作经历，也曾经跟着摄影师工作，可以说摸清了拍摄的详细流程，从前期到后期落地都可以很好地消化，因此后面的创业也就能够顺利一些。

**问：创意工作的难点主要在哪里？**

**答：** 我觉得有两方面：一是品牌给到创意主题时，如何在品牌的约束条件下做到思维的发散，且要能够契合品牌的调性；二是团队成员之间的思维沟通，如何能够让他人理解并且认可你的创意，各环节配合、心力都往一处，工作起来也会得心应手很多。

**问：人工智能的出现对时尚设计与创意行业的工作者而言是阻力还是推力？**

**答：** 我认为人工智能目前还只是一个辅助性的工具，取代人的可能性比较小，之前在尝试生成图片的过程中，我们发现它其实并不是很聪明，人工智能的沟通还需要多次的技术改良和学习。当然创意行业也有人在进行实拍和生成相结合的尝试，不过如果最后想要有新颖的、独一无二的东西，还是需要有人类创意思维的介入，不能完全依赖人工智能。

**问：创意行业发展前景如何？**

**答：** 我对创意行业的发展还是有比较高的期待的，创意与人文文化、人类的思考和进步紧密相连，在文化堆积、演变、革新的基础上，创意也会源源不断地产生。我能感觉到在创意与艺术行业内，有很多时尚创新的意识在不断地觉醒。不论是工作方向还是创业方向，创意内容都是一个非常不错的选择。

# 1.6　与整合营销传播有关的趋势

营销行业是一个变化十分迅速的行业。全球化、市场细分化、消费者成熟和精明、可持续性问题、数字化技术等都对行业的流程有很大影响。营销人员在制定整合营销计划时需要进行全方位的思考，动态地平衡各种相互冲突的需求。为此，下文列举了整合营销传播实践中呈现的一些趋势。

**营销 4.0**

随着中国经济发展步入新时期，核心发展动力也开始逐渐呈现新的变化。数字技术的深度渗透和发展，为品牌的营销传播带来了很大机遇，同时也带来了数字化转型和升级等新问题。电商平台、社交媒体、客户社区等技术的发展和使用，使用户和用户之间、用户和企业之间、企业和企业之间都产生了大量的行为数据。营销的数字化是数字技术深刻融入人们日常生活的必然结果，对营销实践和营销理论都将带来深刻的影响，我们可以称之为营销 4.0 时代。在此背景下，企业需要思考如何构建营销能力和营销策略。表 1.1 对市场营销不同阶段的特征进行了对比。

表 1.1　市场营销不同阶段的特征

| | 营销 1.0 | 营销 2.0 | 营销 3.0 | 营销 4.0 |
|---|---|---|---|---|
| 推动力 | 工业革命 | 信息技术 | 新浪潮科技 | 社群、大数据、分析技术、人工智能 |
| 看待市场方式 | 具有生理需求的大众买方 | 有思想和选择能力的聪明消费者 | 有独立思想和精神的完整个体 | 消费者和客户是企业参与的主体 |
| 主要概念 | 产品开发 | 差异化 | 价值 | 社群、大数据 |
| 营销方针 | 产品细化 | 企业和产品定位 | 企业使命、愿景和价值观 | 全面的数字技术 + 社群构建 |
| 价值主张 | 功能性 | 功能性 + 情感性 | 功能性 + 情感性 + 精神性 | 共创、自我价值实现 |
| 与顾客互动 | 一对多交易 | 一对一关系 | 多对多合作 | 网络型参与 |

**营销技术**

营销技术（Martech）是指在营销数字化基础上，为营销服务而采用的相关技术，用于策划、执行、管理、协调和测量企业发起的线上和线下营销活动。相关行业研究报告显示中国数字营销行业的市场规模呈逐年增长的趋势。2020 年，中国数字经济市场规模已经达到 41.4 万亿元。品牌方逐渐从以产品为中心转向以消费者为中心，开始构建自有数据平台。

营销技术包含营销、技术和管理三个学科的交叉融合，其内容包括利用数据提高效率的广告技术、狭义的营销技术、销售过程中的管理技术。目前，营销技术的应用主要包括数据和策略、内容和创意、广告投放、渠道运营和转化、客户和流程管理五个场景。五个场景串联起需求方数据分析管理、营销策略制定、获取客户、销售转化、客户运营、营销效果分析等完整链路。其中数据和策略场景是其他场景智能化运作的基础；内容和创意场景核心为广告投放提供素材支持；广告投放场景为销售转化与客户运营带来流量；渠道运营和转化场景是转化的重要承载，也为广告投放扩展展示渠道；客户和流程管理场景则为广告投放、渠道运营等提升效率，并同时成为企业高效运营客户的助力。

数据分析和人工智能将成为营销技术的重点发展领域。数据分析和人工智能技术将帮助企业实时监测和分析消费者互动，从而优化广告投放和个性化推荐，提供更有价值的消费者体验。通过深入了解消费者，企业可以提供符合其需求和偏好的产品、优惠和服务，并在关键时刻向消费者传递相关信息。借助数据分析，企业能够发现潜在的消费者行为模式和趋势，预测消费者需求，并制定相应的营销策略。同时，企业还能根据消费者数据和行为分析，将广告投放重点放在最有可能产生转化的目标受众上。通过精确的定位和个性化的广告内容，企业可以提高广告效果和回报率。结合实时数据监测工具，对营销活动进行持续地监测和评估。通过实时反馈和数据分析，及时调整营销策略和优化活动效果，从而提高市场反应速度和决策的准确性。

近期以 ChatGPT 为代表的人工智能（AI）技术的突破也可能深刻影响营销传播的流程和管理。AI 自动生成内容、自动绘图技术等可能改变创意制作的方式。初级的创意执行工作将很大程度被 AI 技术取代。创意人员需要将注意力更多放在创意本身和对商业目标的实现上。如何更好地指导 AI 完成创意目标将成为创意人员必不可少的技能。

**数字体验**

营销的数字化使品牌需要通过创新数字体验吸引消费者的注意力，包括使用增强现实和虚拟现实技术进行产品试穿和着装效果体验，通过移动应用程序和各类平台为消费者提供与品牌互动的机会，如游戏、用户生成内容、社交分享等。此外，视频直播、个性化推荐和智能购物等技术能够帮助品牌建立信任、增加曝光度，并提供个性化的购物体验。创新的数字体验可以帮助品牌吸引消费者的兴趣和参与度，建立与消费者之间更为紧密的关系，帮助品牌实现增长和提高市场竞争力。

**社交媒体**

品牌利用不同的社交媒体平台与消费者进行互动，并通过内容营销、社交广告和社交购物功能来推广产品。此外，品牌还将与有影响力的社交媒体意见领袖（key opinion leader，KOL）合作，利用他们的影响力和粉丝基础来增加曝光度和信任度。通过精准的定位和个性化的广告内容，品牌可以更好地吸引目标受众的注意力，并增加曝光度和转化率。

对于服装行业，社交媒体的影响远超营销传播本身。社交媒体对于消费者日常生活的渗透使他们的购买、使用、偏好和意见变得非常可见。品牌在竞争压力下逐渐向取悦消费者的方向靠拢。服装行业出现了去中心化的现象；传统以设计师和大品牌为主导的时尚话语，被逐渐分割和削弱。社交媒体将带来更加多元和个性化的服装消费需求，服装市场将更加细分为满足小众需求的品牌和产品。这意味着服装品牌的营销传播将会呈现和以往十分不同的特征。

**服装产业的品牌化**

目前我国服装产业正在经历从制造型企业为主转变为以品牌企业为主的过程，品牌建设将会是未来一段时间产业发展的重点领域。营销传播将在这一趋势中发挥重要的作用，整合营销是服装营销必然的发展方向。传统营销模式结合新媒体、数字化营销工具，及时对消费者的消费心理、消费旅程、沟通过程的信息和数据进行收集与分析，深度挖掘市场需求与特征喜好，在品牌营销中关注个性化需求，是当下和未来服装营销人员需要持续跟进和不断完善的工作内容。

# 第二章　服装消费者行为

　　营销传播的目标是影响消费者行为，理解消费者行为背后的逻辑是制定有效策略的基础。除了满足人们的基本需求外，服装还承载着很多意义，包括身份地位的表达、个性的展示以及文化的传递等。这使得服装消费行为呈现许多突出的特点，如更易被情感驱动、受时尚和潮流的影响、个性化行为突出等。因此，服装品牌的管理与营销常需要采取差异化的策略来应对多元的服装消费行为。本章对服装消费行为中几个具有指导性意义的问题进行了阐述，包括消费者动机、消费者旅程、消费者态度和流行偏好等方面。

## 2.1　差异化的消费行为

营销的目标是与消费者进行有效沟通，以促进消费行为。不同的品牌产品以及品牌带来的价值会因人而异，因此不同人群的消费行为也不一而足，差异化的消费行为使得选择合适的目标受众成为营销的一项基本功课。通过对受众和市场的细分，品牌可以更准确地满足消费者的需求，制定更有针对性的营销策略，以提高营销沟通的效率。这一原则对于服装品类仍然适用。

### 2.1.1　消费者价值

对消费者来说，服装可以是一种实现特定功能的工具、一种娱乐的方式、一种身份地位的象征和一种自我表达的语言。这些分别对应着：功能性价值（functional value）、享乐价值（hedonic value）和符号价值（symbolic value）。服装可以带给消费者的价值十分丰富，具有不断演变的特征。这为服装品牌提供了广阔的空间来通过差异化策略寻找自己的细分市场。这导致了服装品牌的多样性和长尾特征远超其他消费品类。

**功能性价值**是由产品的实用功能带给顾客的价值，是通过解决顾客具体需求而带来的价值。就服装而言，往往指的是它的某些突出性能带来的价值，如舒适性、透气性和吸湿性等。例如，户外爱好者可能会选择高科技的防水和透气材料的服装，而运动员则可能寻求能够提高运动表现的运动装备。因此，品牌可通过专注于技术创新和性能提升在这个领域拥有巨大的机会。

**享乐价值**是指消费者购买服装可能出于娱乐和享受的目的。能够为消费者带来精神上的愉悦感的因素都可以被纳入享乐价值中。例如，一些人可能喜欢购买时尚的服装来参加社交活动，而另一些人可能会将装扮自己作为一种娱乐手段。在 Z 世代消费者中十分流行的 cosplay（角色扮演）行为是服装享乐价值的突出表现。

**符号价值**指的是同类别的产品在使用功能和制造成本上没有区别，但由于符号意义的不同而具有了价值高低的差异。很多学者认为服装也是一门语言，因为它也具备向他人表达意义的功能，这就是服装的符号价值体现。通过穿着特定的服装，消费者可以展示自己的身份和地位。例如，一些人可能会选择名牌来彰显他们的社会地位，而另一些人可能通过穿着独特的服装来表达他们的个性和价值观。因此，品牌可以通过聚焦于品牌形象和个性化设计创造一定机会。

### 2.1.2　消费者个人特征

大体而言，服装受众的细分可以通过人口学特征、行为特征、态度及心理特征、价值观以及它们的组合来进行。这些变量对服装消费动机、品牌选择、风格偏好等行为有深刻的影响，可以成为服装品牌差异化营销策略的基础。

**人口学特征**

人口学特征是十分基本的人群细分标准，它涵盖消费者的年龄、性别、经济收入、职业和教育程度等诸多方面，同时也考量消费者所在的地理位置、城市规模、人口密度和气候条件等因素。人口学特征对消费者的生活方式、偏好和需求有显著影响，进而在消费者群体中形成不同的特征和需求。其中，人口所在地的地理因素与服装品类有很大的关联。在中国，南北方地区的气候差异较大，在海南等南方地区，一年四季的较高温度致使消费者多数时间需要穿着较为轻薄的服装以适应高温天气，而北方的地区则更需要保暖性能较好的厚重服装。因此，服装品牌在考虑产品配置时需要充分考虑这一因素。

**行为特征**

行为特征是一种客观的外在表象，比起人们的内在心理活动更容易观察和判断，是一种实用的细分标准。用于市场细分的行为变量主要有购买情况、品牌忠诚度、购买频率、购买时间、购买地点、生活方式等。

随着营销数字化的不断深化，消费者行为数据被电商平台和品牌的私域平台大量收集。这些数据为品牌精准地定位目标人群提供了便利。例如，许多电商平台通过用户的购买和浏览行为数据，将用户细分成各种人群包。广告商可根据营销的目标选择合适的人群包进行广告投放。品牌客户关系管理（CRM）系统也收集了大量顾客行为数据。它们可以依据这些数据将顾客进行分类，以便进行有针对性的营销沟通。

文化圈层行为是近年来在青年消费者中突出的一个现象。在社交媒体的加持下，青年群体常常以共同的兴趣爱好和行为方式为基础，聚集成一个个文化圈层，在文化圈层内部形成圈内独特的语言、符号和表达方式。比如，cosplay 热爱者常聚集在微博超话、豆瓣小组等进行分享与交流。不同圈层的消费者对服装品牌有十分不同的偏好。从文化圈层的角度来理解消费者，为营销人员提供了一个新的可操作的视角。

**延伸阅读：青年志文化圈层营销方法论白皮书**

关于圈层的理解和划分标准众说纷纭，青年志是一家年轻消费群体营销咨询机构，综合多年来对年轻人和圈层文化的研究，在《青年志圈层营销方法论2021》白皮书中，总结了当代流行的文化圈层。

业界对于圈层的定义经历了三个阶段的演变。首先是基于社会阶级的划分。从城市精英中的"金领"和"白领"，到备受追捧的"新中产"，圈层一直作为社会阶层的代名词。其次是基于相似消费品类的划分。随着电商的兴起，平台和品牌通过海量的用户数据，能够更有效地将消费者划分为具有相似消费行为的群体。例如，爱美妆家居的"精致妈妈"，或是爱保健和旅游的"都市银发"等，出现了越来越多的消费人群标签。最后是基于兴趣爱好的同好划分。在这个阶段，品牌根据 Z 世代"为爱发电"的消费特征，围绕个体的兴趣爱好和品牌受众展开沟通。这也是目前被广泛认可的圈层划分标准。

然而，以上三种圈层定义的本质都是考虑"消费对象和消费能力"。在当前以"文化身份"作为个体自我认同核心的时代，仅仅以消费行为划分的逻辑已经不再适用于品牌准确理解消费者，甚至可能导致曲解和失误。因此，该报告提出了以个体的文化身份为核心来定义圈层，并认为圈层需要包括四个关键要素：文化载体、表达体系、交流场域和权力体系。文化载体指的是将抽象概念转化为特定的风格、行为或物品；表达体系包括语言系统和视觉符号系统；交流场域涵盖线上和线下的场所和渠道；权力体系则涉及"大神"领袖、成员级别和入圈标准。

通过系统整理，该报告总结了包括泛二次元、追星及同人文化、游戏、运动、音乐文化、艺术、文化生活方式和身份认同在内的 8 大类、32 小类，约 196 个文化圈层（图 2.1）。

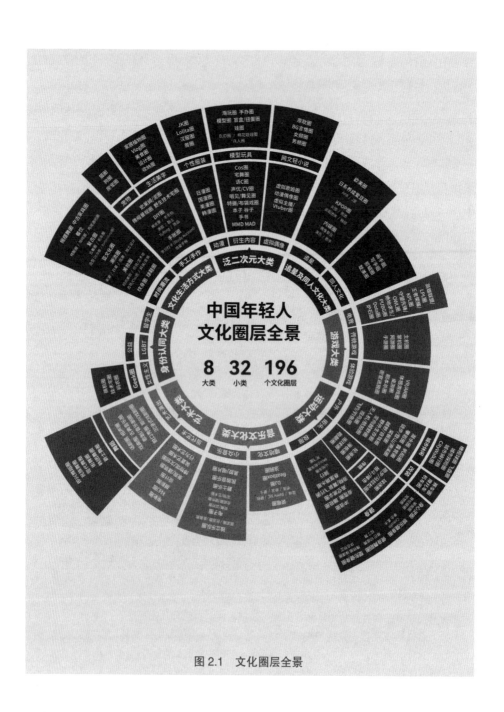

图 2.1 文化圈层全景

该报告指出，如今的圈层营销实质是"文化圈层营销"，通过以圈层为沟通导向，品牌能够更自然地将自身定位于与其文化相关的受众群体，甚至能够突破传统的品类边界，为圈层受众创造更加丰富的价值。通过文化圈层营销，品牌能够深入理解特定文化圈层的核心价值观、兴趣爱好和身份认同，并通过与之相关的文化载体、表达体系、交流场域和权力体系来建立消费者联系。这种精准的沟通和连接方式能够帮助品牌建立与圈层受众之间更加深入和真实的关系，从而提供更贴合他们需求的产品和服务，带来更广阔的市场机遇和竞争优势。

来源：《圈层营销 PALYBOOK》——《青年志圈层营销方法论 2021》。

**态度及心理特征**

一些消费者追求时尚和创新，他们注重个人形象和流行趋势，更倾向于购买潮流服装。这些消费者喜欢追逐时尚品牌，购买最新的款式和设计。他们更愿意尝试新的时尚风格，并通过服装表达自己的个性和独特性。一些消费者更注重健康和环保，他们更关注可持续发展和环境友好的产品。这些消费者倾向于购买使用有机棉、可回收材料或环保品牌的服装。他们可能更注重生产过程中的社会责任和环境影响，选择支持可持续性的服装品牌。了解不同消费者群体的生活方式、个性特征和购买动机等因素后，服装企业可以根据消费者的偏好和需求，采取个性化的策略，建立与消费者的情感连接和品牌认同，以提高消费者满意度和忠诚度。

**价值观**

价值观（values）是指一个人对周围的客观事物的意义、重要性的总体评价和看法。一方面表现为价值取向、价值追求，从而变成一定的价值目标；另一方面表现为价值尺度和准则，成为人们判断事物有无价值以及价值大小的评价标准。价值观是决定人的心理行为的基础。大量研究表明，价值观与奢侈品消费密不可分：如对路易威登的渴望，可以用消费者对权力、成就和享乐主义的强烈偏好来解释。

多数情况下，服装品牌在进行人群细分时最可能使用多类变量的组合。中国由于人口众多、文化差异和经济发展不平衡等因素，消费者的需求和购买行为也呈现出多样性和复杂性的特点，品牌需要根据不同的商业目的及品牌自身特点，来决定合适的细分策略。

**延伸阅读：B 品牌市场细分研究报告**

原创中国女装 B 品牌成立于 20 世纪末，成立至今，始终将品牌美学对焦于都市中成长型的女性，传达率真、从容而不失时代性的新女性形象。为了解品牌定位与品牌市场的实际表现是否相匹配以及消费者的潜在需求，B 品牌对目标消费者基本情况与行为习惯进行了调研。

B 品牌通过焦点座谈会与流动拦截访问两种方法对中国大中城市 25 ~ 35 周岁女性消费者进行了服装消费动机、态度、行为、能力和价值观的研究。研究结果发现，消费能力和消费价值观两个维度能较好地显示女装市场消费者的行为差异，能为品牌寻找自身优势、制定差异化竞争策略提供参考，因而选用这两个维度为品牌细分市场受众。

研究最终将女性消费者分为简约型、新潮型、节俭型和品质型四大类别，如图 2.2 所示。从以下描述可以看出，各类消费者之间有十分明显的行为和态度的差异。

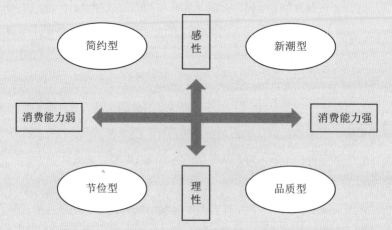

图 2.2　B 品牌女装市场消费者细分及行为差异分析图

**简约型消费人群**可被描述为具备相对感性倾向但消费能力受限的消费者群体。由于经济制约，他们的注意力通常只能聚焦于有限的事物范畴。然而，他们对时尚保持一定的热忱。在服装选择上，他们往往会综合分析个人需求和特征，倾向于寻找舒适的材质，并对产品的时尚元素赋予重视。

**节俭型消费人群**则是以寻求性价比极高的解决方案为特点，这类消费者的消费能力相对较弱，且具有理性思考的倾向。他们通常坚守传统价值观，对于新颖事物的接受度不高。在选择服装时，他们往往不太关注品牌，而是更加聚焦于价格和性价比，以及服装的实用性。对于品牌方而言，提供详细的产品信息（如面料材质）以及丰富的折扣优惠可能对此类消费者具有较大的吸引力。

**新潮型消费人群**代表了一批消费能力较高且倾向于感性决策的消费者。在选择服装时，他们强烈倾向于具备时尚、个性化和创新元素的产品。这类消费者通常作为潮流的引领者，热衷于追求新鲜事物，并对最新的时尚趋势保有较强的关注度。

　　**品质型消费人群**则是以较高的消费能力和理性决策为特征的消费者。虽然他们对个性化和时尚潮流持开放态度，但在决策过程中，他们更倾向于权衡品质等因素，并确保所选择的产品能够切实满足其个性化需求。此外，这类消费者通常更加关注品牌的服务质量、产品质量和声誉等方面，寻求获取切实的建议并购买可靠耐用的服装。

　　品牌方同时对消费者的服装风格偏好进行了研究，研究结果发现，不同类型的消费者，其风格偏好有十分明显的差异。据研究结果显示，B 品牌认为其目标消费者应为**简约型消费人群**，这类消费者对品牌的关注度较高，其生活方式和价值观与 B 品牌倡导的生活理念高度契合。因此，相对于竞争品牌，B 品牌在该细分市场中更容易实现品牌差异化与竞争优势。

### 2.1.3　生活场景

　　与人群的细分相关却又有差异的是生活场景的细分。生活场景是指人们在日常生活中所处的各种环境，也是有关于品牌形象的一个关键因素。在不同场景中，人们往往会根据礼节、从众心理等因素，选择与周围环境相协调的服装。例如，在工作场合会选择穿着正装，而在休闲娱乐时则会选择 T 恤衫和牛仔裤，参加婚礼或葬礼等正式场合则会选择礼服。如今，随着现代生活节奏的加快，人们对生活场景的细分变得越来越具体和深入，不再局限于工作、休闲、运动和典礼等简单分类。

　　生活场景的细分可以促使服装市场开发更多创新的产品。例如，居家休闲服适用于从家庭到附近商店进行采购活动的场景；新型社交服将职业服与社交服相结合，适用于较为正式的社交场合；瑜伽服将运动与休闲场景相结合，既适用于健身房、瑜伽课等场景，又适用于日常出行。运用这种方法，企业不仅可以从商品的实际用途着手，还可以从满足消费者实现自我的需求和尝试新生活方式的欲望出发，来寻找新的市场空间。这将有助于企业更好地满足不同消费者的需求，同时也为创新和拓展市场提供了更广阔的空间。

## 市场细分

服装行业是一个充分竞争的行业，很难形成少数品牌独占整个市场空间的情况。因此，差异化的竞争策略成为大多数服装品牌的理性选择。品牌可以将人力、物力、财力集中于某一细分领域，实现在这一领域的相对优势。不同的细分市场对于产品的价格、质量、设计、包装、服务等有着不同的要求，对品牌的渠道和传播也有不同的接受偏好。因此，企业可以根据细分市场受众的特点，有针对性地运用各种整合营销手段，获得事半功倍的效果。

对服装企业而言，市场细分是一个战略性的问题，它常常在重大决策场景中发挥作用。市场细分一般能作用于以下场景：

（1）进入新市场。面对新市场已有的竞争格局，市场细分可以帮助企业发现市场空白点，形成商业契机。企业可以通过人群细分，掌握消费者的不同需求。同时分析和比较竞争者的优势和劣势，为制定相应的策略提供依据。

（2）推出新产品。当品牌在现有市场面临增长瓶颈时，企业可以通过市场细分来寻找新的增长点，深挖未被满足或未被充分满足的消费者需求。例如，如果一个品牌已经在职场女性人群中取得了较大的成功，那么它可以尝试对职场女性进行进一步细分，找到被现有产品忽略的人群或需求，并通过推出新的产品线来满足这一细分人群的需求。

（3）制定传播策略。不同的人群其媒体使用习惯和内容偏好可能存在很大差异，市场细分对于传播策略的意义在于发现这些差异，通过差异化的传播方式来提高传播的效果和效率。例如，许多服装品牌会利用私域或平台的行为数据来制定人群标签，并进行相应的广告投放和促销活动：针对品牌购买者，企业可以开展会员制度和积分兑换活动，以提高这部分人群的消费频次；针对品类狂热购物者，企业可以推出限时促销活动和优惠券，以吸引这部分人群购买。

## 2.2　动态的消费者旅程

营销的目的是实现对消费者行为的管理，使他们的行为能按照品牌期望的方向推进。消费者的行为是一个动态的过程，营销的要素可能在旅程的不同阶段产生不同的影响。企业有必要对消费者旅程不同阶段的需求进行洞察，以此来实施整合营销策略，确保渠道和触点的协调一致，共同推进消费行为的发生。

### 2.2.1　消费者旅程

1968 年，学者詹姆斯·F. 恩格尔（James F. Engel）首次提出消费者决策模型（consumer decision process model），用来描述一次标准的消费者购物过程。这个过程包括需求确认、信息搜寻、对比评估、购买决策与购后体验等几个阶段，具体情形为人们在某一瞬间因为外界或内心的种种原因触发了想要购物的冲动，随后开始搜集与整合能够获取到的与产品相关的信息，在脑海中形成一个或多个可供选择的购物方案，再根据自身的已有知识和购物经验对每一个备选方案的优劣进行衡量，最后做出一个令自己满意的决策。消费者决策模型为我们提供了一个分析消费者行为的完整框架。

现如今随着线上购物的普及，消费者只要拿起手机就可以开启一段购物旅程，并且可以随时终止和开始。这样一来，消费者购物旅程便不再是抽象的概念，而是由一段段时间碎片组合而成的可观察的行为链条。许多企业利用大数据技术抓取消费者的行为数据进行研究，以期能对消费者进行更精确的管理。这些利用大数据描绘的消费者购物过程被称为消费者旅程（consumer journey）。消费者决策和消费者旅程在概念上有一定的重叠，在此我们不做学术上的严格区分，仅使用消费者旅程这一营销者更为熟悉的概念来作为分析消费者行为的框架。

需注意的是，消费者旅程和营销漏斗（marketing funnel）是两个常常被混淆的概念，但两者的视角是截然不同的。消费者旅程是以消费者为中心，对消费者从开始产生购物需要到完成购买决策并产生购物体验的全过程的描述，品牌是消费者旅程中的一个作用因素。营销漏斗则是以品牌为中心，描述消费者在对已知品牌进行逐步筛选，并最终实现转化的过程，本书第七章"传播的计划"中会细化相关内容。在制定营销策略时，消费者旅程比营销漏斗更为重要。品牌应跳出品牌自身框架，从消费者旅程角度出发，研究品牌及其竞争对手扮演的角色，找到推动消费者行为的有效策略。如果品牌仅从品牌自身出发来思考营销策略问题，则很容易陷入可沟通人群不断缩小的困境。

### 2.2.2　旅程的阶段

一个完整的消费者旅程包括触发事件、信息探索、对比评估、购买决定、产品体验等几个阶段。这些阶段之间的关系可以用图2.3描述。

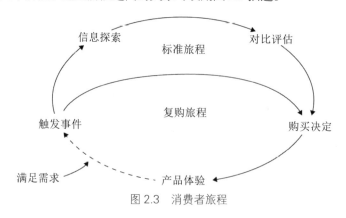

图 2.3　消费者旅程

在整合营销传播中,企业需要关注各种信息的传播通道和交流模式,了解不同信息之间的影响和相互作用,包括员工信息、人际传播、新闻媒体、突发事件等,以便达成有效控制和管理。这些信息往往不是同时作用于消费者的,而是在消费者旅程的不同阶段对其产生影响。付费媒体如广告、内容营销、公关活动等,其对消费者的影响往往随着旅程的推进而逐渐降低;而人际互动,如朋友、社交媒体、服务人员的影响常常随着旅程推进逐渐升高。

**触发事件**

在消费者旅程的开始,潜在客户通常会开始察觉到自己可能面临着某些需求或问题。这个关键时刻通常涉及两种类型的触发:营销触发和自然触发。营销触发是通过品牌或企业的有意推动形成的。当消费者接触到广告、促销活动或其他形式的营销策略时,他们可能会意识到自己有某种需求或问题需要解决。营销触发的主要目标是吸引消费者的注意并激发他们的购买欲望。对于品牌而言,它能够使品牌主动塑造和引导消费者的需求和购买决策。通过精心设计和执行有效的营销策略,品牌有机会在竞争激烈的市场环境中崭露头角。自然触发是由消费者的生活经历或环境变化引发的内在需求。这种触发源于消费者的真实生活情境和需求。例如,随着季节的变化,消费者可能会意识到需要购买新的服装来适应天气。对于品牌来说,理解并关注这些自然触发同样至关重要,它们代表了消费者的真实和内在需求,品牌可以通过提供与这些需求相符的产品和服务,建立更深的客户关系并获得他们的信任。

**信息探索**

在认识到需要解决的问题后,消费者开始搜集有关信息并探索可能的解决方案。此时消费者的心中所想是我有哪些选项,而不是每个选项具体的优缺点。探索行为常常表现为电商或社交媒体上的对非品牌关键词(unbranded keywords)的搜索,或看似漫无目的的浏览。例如,消费者在小红书上搜索卫衣时,很可能是探索目前在流行什么款式、有哪些产品可以选择、时尚达人们有什么推荐等,了解可能的选项,便于后面进行更详细的评估。此时,鼓动性的营销语言和抓人眼球的图片更容易受到消费者的关注。

**对比评估**

探索阶段的目的是寻找可能的选项，而评估阶段则是为了确定哪个选项最适合自己。消费者在此阶段会比较不同的产品或服务，以确定哪一个最符合他们的需要。这时，网络口碑和其他消费者的评价常起到很大的作用。顾客也会对产品的详细信息、价格和体验等更敏感。此时消费者的心中所想是如何做出最佳选择，以减少不可知的风险。显然鼓动性语言并不能很好地消除顾客的顾虑，而客观公正的信息和设身处地的咨询则能使交易更顺利地进行。

**购买决定**

在消费者即将做出购买决定时，消费者的感知风险[1]可能会达到顶峰。为了促进购买和增强消费者信心，营销人员可以通过提供清晰的退货政策、客户服务信息，以及其他能够减少消费者顾虑的信息来降低感知风险。此时品牌的影响力可能占据优势，特别是对于那些有强大品牌力的企业。消费者在考虑安全性和降低风险时，可能更倾向于选择知名品牌。

**产品体验**

在此阶段，消费者已经拥有了产品或服务，这时他们的反馈和体验变得至关重要。营销人员和品牌可以通过跟进服务、回访、询问消费者的体验等方式来增强客户满意度，并为未来的复购和推荐打下基础。比如，在购买衣服后销售人员的积极沟通和服务，不仅能够降低消费者的感知风险，还能增加消费者的满意度，促进复购。此外，在此阶段消费者可能会将他们的购买体验分享给他人。品牌和营销人员可以通过激励措施，如提供折扣或优惠，来鼓励消费者积极地分享他们的体验。例如，一些电商平台会鼓励消费者为购买的商品留下评价，并为此提供优惠券作为回报。这种做法不仅帮助品牌收集用户反馈，提高用户忠诚度，还有助于吸引更多潜在消费者。

**消费者旅程与营销**

营销若不能遵循消费者旅程的规律，在消费者并不需要产品信息时投放广告，

---

1　感知风险（perceived risk）：1960 年，哈佛大学的瑞蒙德·鲍尔（Raymond Bauer）认为，消费者任何的购买行为，都可能无法感知其预期的结果是否正确，而某些结果可能令消费者不愉快。因此，消费者购买决策中隐含着对结果的不确定性，而这种不确定性，也就是风险最初的概念。

便会造成无效营销。精准营销的目标是在合适的时间，向合适的消费者投放合适的营销信息。消费者旅程为精准营销在投放时机的精准性上提供了框架。由于消费者的产品信息需求在各阶段存在较大差异，营销管理者可以根据消费者旅程来设置广告投放的条件。

需要注意的是，消费者旅程可能由于购物的情境和消费者个人因素的不同，而出现十分不同的形态。有些购物需求来自某种紧急的必须完成的任务，如为了孩子校运会而购买的服装，其购物旅程可能在较短的时间完成，消费者对与完成任务无关的信息处于忽略的状态。与此相反，有些购物旅程开始于漫无目的的娱乐性需要，他们的行为很可能出自对于某个品类的兴趣，他们可能在整个购物旅程，甚至购买完成以后都会注意与品类有关的信息，品牌有较长的时间窗口来和这类消费者进行沟通。

随着人们可支配收入的增加，消费者购买服装的动机很可能仅来自个人的满足感和享乐性需要，其购买的数量仅仅受限于衣橱的大小。因此，服装的消费者旅程，特别是时尚性产品的消费者旅程，很可能呈现出漫无目的的特征。一些小众服装品类具有高卷入度[1]的特征，消费者对这类商品有持续的关注度，其需求不具有周期性，而常因为营销刺激产生新的需求，发生冲动性购买行为。

品牌可以通过消费者的行为数据对他们所处的旅程阶段进行判别，并制定相应的推送策略。随着电商平台的发展逐渐出现瓶颈，许多品牌慢慢开始重视私域平台的建设，并积极收集私域消费者行为数据。特别是对于拥有直营渠道的品牌而言，其私域消费者数据可以成为营销的重要抓手。例如，对于已将产品放入购物篮，但仍然没有实现转化的消费者重新发送品牌信息（retargeting），促进转化的形成。又如，在推出新产品时，品牌可以通过 CRM 系统，将信息推送给一段时间内不活跃的消费者，以重新引起其兴趣，维持其品牌忠诚度。

---

1　卷入度：消费者由对某个特定的产品、服务、品牌、企业或特定的消费和购买行为与自己的关系或对自己重要性的主观体验而对上述对象产生的不同的关注程度。根据卷入程度可分为低卷入度和高卷入度。

**访谈：消费者旅程模型在服装电商中的应用**

（访谈对象：陈昉曦，得物平台服装营销运营经理）

问：能介绍一下您在公司的职责吗？

答：我主要负责潮流奢侈品服装的营销和流量运营。我的目标是确保用户在得物 App 上有最佳的购物体验，并通过不同的营销策略来增加流量。

问：您能分享一下参与的研究或分析类型吗？

答：我专注于用户行为和活动效能的分析。通过研究用户在消费者旅程中的各个阶段的行为，我能够洞悉他们的需求和偏好。这包括了解他们是如何发现我们的应用的，他们在应用内的互动模式，以及他们是如何完成购买的。

问：您的研究或分析工作是如何为商业或市场决策提供依据的？

答：在我的工作中，我重点关注消费者旅程模型。首先，我会调查用户是如何通过不同渠道，如 App、小程序或二维码，首次接触到我们的品牌和产品的。这有助于我们理解用户是如何发现我们的，并可能影响我们在各个渠道上的投资决策。其次，当用户开始访问我们的平台时，我会分析他们与我们的内容的互动方式，包括他们访问的页面和他们的兴趣点。这有助于我们优化平台的内容和布局，以更好地吸引和留住用户。再次，我会考虑用户的转化路径。这涉及分析用户是如何从最初了解我们的品牌到最终进行购买的。通过了解这个过程，我们可以找出可能阻碍用户转化的问题，并采取措施解决这些问题。最后，分析不仅限于购买。我还关注用户在购买后的行为，如他们是否会再次购买或推荐我们的品牌给他们的朋友。这有助于我们建立客户忠诚度，并通过口碑营销吸引新客户。综合这些分析，我们能够制定更有效的市场策略，深入了解我们的目标市场，优化用户体验，并最终提高销售和客户忠诚度。

# 2.3　由情感驱动的态度

态度是消费者决策中十分关键的因素。我们可以认为营销的目标是建立正面的品牌态度。虽然我们也希望通过营销来驱动消费者的购买行为，但行为的发生首先需要有一定的态度支撑。当某个消费者在说喜欢某个广告、青睐某个品牌时，该消费者就是在表明一种态度。对一个品牌持有积极态度的消费者更有可能购买此产品，那些喜欢某产品广告的人也会更可能购买相应的产品。

态度一旦形成将具有一定的持久性，会随着时间的推移保持下去，因此消费者对品牌的正面态度能为企业带来持续盈利的能力。与许多其他商品相比，消费者对服装商品的态度较多受到情感因素的驱动。

### 2.3.1　态度的构成

通常我们认为态度是由情感（affect）、行为（behavior）和认知（cognition）三个部分组成的，如图 2.4 所示。其中情感是指消费者对事物的感觉；行为涉及人对事物做某事的意图（不一定导致实际行为）；认知是指消费者对事物属性的认识。比如，正处于南方冬天的你为了保暖可能需要一件外套，那么你可能会产生购买外套的意图；你认为一件轻薄羽绒服可以满足你的需求，这是对于事物属性的认知；有了认知需求后你开始在购物平台浏览商品，却通过偶然间的平台推送发现双面羊绒大衣既能相对满足保暖需求，相比于穿着显得臃肿的羽绒服来说，还可以满足穿搭显瘦的需求，而后你产生了对事物的情感倾向；有了情感倾向后你决定购买一件双面羊绒大衣而非之前想买的羽绒服。这说明最初的消费意愿可能与实际的消费行为存在差异。

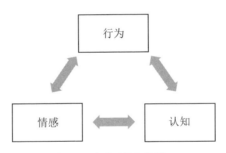

图 2.4　态度 ABC 模型

态度的三个组成部分是相互联系的，同时又具有独立性。认知并不一定意味着偏好或有意图。例如，消费者知道了一件特定服装其面料成分为 70% 的聚酯纤维、25% 的锦纶以及 5% 的氨纶，原产国是中国，但这并不意味着他们知晓这些特性是好是坏、是重要的或无关紧要的，也不代表他们真的会购买此件衣服。因此，在研究消费者态度的时候，区分这三个组成部分有一定的意义，特别是在不同的情况下，这三个组成部分的相对重要性和层次结构会发生变化，尤其是在消费者动机水平不同的情况下。

### 2.3.2 如何影响态度

态度的形成可能呈现三种不同的路径,包括标准学习层次(standard learning hierarchy)、低卷入层次(low-involvement hierarchy)、体验层次(experiential hierarchy)。它们分别体现了由认知到情感再到行为,从行为到认知再到情感,以及由情感到行为再到认知的过程。这些不同的路径对于营销者来说,意味着他们需要根据情况从认知、情感、行为三个角度出发来进行营销传播,加深或改变消费者对于品牌的态度。

从**认知**角度出发,品牌可以通过宣传自身的独特特点和优势来吸引消费者的注意,获得他们的好感。许多护肤品牌的营销传播常强调其产品的配方、技术、功效等方面的特点。它们常通过品牌官方媒体和社交媒体向消费者传达这些信息,以提升消费者对品牌的认知。

从**行为**角度出发,品牌可以采用降价促销和免费试用等策略来引导消费者的行为,打开市场。这一策略对于试用成本较低且会被长期使用和重复购买的产品尤其有效。比如,许多 App、游戏、服务产品常常通过免费使用、用户推荐(user referral)等方式让大量消费者先使用起来,培养他们的使用习惯,在使用过程中逐渐建立与消费者的紧密关系。

从**情感**角度出发,品牌可以通过讲述感人的故事或强调品牌的价值观来建立与消费者的情感连接。比如,在营销传播中体现对特殊群体、社会问题、环保议题等的关注,常能激发消费者的情感共鸣,传递正面的品牌形象。

时尚类商品的消费往往能给消费者带来较多情感价值,它们可以用于代表自我的独特个性和价值观,调节现实自我和理想自我的关系,或借以获得社会认可和尊重。因此,从情感角度出发的营销传播在时尚类商品中较为突出。近年来,许多时尚品牌通过女性主义营销获得了大量消费者的偏爱,情感因素是主要的驱动力。关于如何从情感角度与消费者进行沟通,本教材第五章"传播的内容与创意"将做更具体的阐述。

## 2.4　对创新的不断追求

服装行业的一个显著特征是不断变化的流行趋势。在宏观层面，这些流行趋势受时代背景和社会思潮的影响；在微观层面，消费者对创新不断追求的本能才是流行演变的根本动力来源。

### 2.4.1　时尚流行的机制

相较于许多其他商品，服装产品的更新周期十分短暂。这一现象，一是由于服装消费受季节影响，二是由于消费者对流行和时尚的追求是他们消费的主要动机之一。消费者的喜新厌旧心理使得他们在服装消费中不断追求新的风格、潮流、款式。一方面，这一特征为品牌企业的产品开发带来了很大的不确定性。许多以传统期货模式组织商品开发和供应的品牌，常常因为没有准确地预测市场需求，生产出滞销的产品，出现大量库存积压，导致运营成本的上升。快时尚品牌虽然可以通过更高效地组织供应链和商品计划来降低成本，但也常因压低成本产生的资源浪费和对劳动者权益方面的影响而受到批评。

图 2.5　东华大学时尚创新孵化基地尚创汇

另一方面，服装消费者对时尚创新的不断追求也催生了需求的多样性，这为许多小众品牌带来了发展的契机。许多小众品牌和相关企业以相对独立和灵活的组织形式，如设计工作室、小型加工厂、营销工作室等在一定地理和物理空间内聚集，实现了供应链的高效整合，也能很好地满足小众市场的需要（图 2.5）。伦敦、纽约、米兰的时尚产业常呈现出这样的聚集形态。这一形态也在杭州、深圳、上海等城市逐渐形成。

驱动时尚流行不断滚动的是创新扩散机制（innovation diffusion process），即一个新事物在人群中传播和扩散的过程。新事物通常由极少数的人所创造，然后被一小部分对新事物敏感的人群注意到并开始进行传播，随后进入大众视野并逐渐被更多人群接受。在这一过程中，对新鲜事物敏感并有一定社会影响力的人扮演了关键角色，他们是一个新事物是否能流行开来的决定性因素。在传统的时尚体系中，时尚媒体掌握了时尚的话语权，扮演了这样一个关键角色，许多影视明星也起到了类似的作用。当社会逐渐进入社交媒体和自媒体时代，时尚博主、达人、KOL，甚至是普通消费者也开始承担这一角色，时尚体系出现了去中心化的趋势。

当前社交媒体和电商的结合使消费的内容不再只限于实体店购物，网购、海淘、代购都加速了消费群体的时尚行为与时尚元素。时尚行为的表现形式也更加多元，如街拍、学习明星机场穿搭、跟风时装周等成为年轻人常见的消费行为。这些消费趋势，深刻改变了时尚营销的内容。如今直播带货、内容营销、病毒营销成为服装品牌营销必不可少的工具。

### 2.4.2　文化思潮与时尚品牌

如何成为一个经典品牌是许多品牌主要思考的问题。然而服装潮流不断变化的这一特征又与品牌的这一目标矛盾。服装商品不仅仅具有物理属性，而且更具有很强的文化属性。人们通过服装来表达自己的个性、信仰和价值观等精神层面的意义。这使得文化思潮的变迁对消费者的品牌偏好会产生很大的影响。

因此，服装品牌除了要在产品开发和营销传播环节中关注短期的流行趋势，也需要对这些流行趋势背后反映的文化思潮的变迁保持敏锐的洞察力。在中国改革开放的 40 多年时间里，服装品牌经历了大范围的更迭，许多知名服装品牌在时间的竞技场上逐渐衰落。这可能是商业模式、管理效率、竞争激烈等综合作用的结果。但消费者文化思潮的变迁导致的品牌与消费者的疏离也是许多品牌失败的重要原因。近年来，女性话题的热度催生了许多新兴品牌的成长，而维多利亚的秘密的调性则与这一消费趋势不太合拍。那些能长期保持良好品牌力的品牌，往往能在变化的环境中以新的方式诠释品牌，保持品牌的相关性（relevance）。随着中国消费者自信的提升，许多品牌借由国潮加强品牌调性，对品牌进行了重新定义和诠释，逐渐获得了消费者的重新认可。

与捉摸不定的短期潮流相比，价值观是相对深层和持久的东西，它们往往可以超越时代和文化被大多数人所接受。品牌如果想要在变化的市场环境中保持竞争力，就需深入挖掘这些普世的价值观，并将其融入品牌形象中。我们看到能持久保持品牌力的品牌往往都提出了普世性的价值主张。

以耐克（Nike）为例，作为一个全球知名的运动品牌，它不断通过文化创新跨越文化鸿沟并持续保持市场领先地位。在 20 世纪 70 年代，耐克通过技术创新为专业运动员制作高性能的跑鞋。然而，对于大多数人来说，这些技术细节并不是他们选择耐克的主要因素，为赢得这一人群市场，耐克所制作的广告主角由田径明星转为平凡的跑步运动者，并打出"跑道没有终点"的广告语。20 世纪 90 年代初，耐克推出了标志性的广告语"Just Do It"（图 2.6）。这个简短但强有力的标语超越了运动本身，成了一个关于行动、勇气和毅力的通用口号。它鼓励人们不仅在运动场上，而且在生活中克服拖延和恐惧，采取行动并追求目标。这个广告语在全球范围内引起了共鸣，并进一步巩固了耐克在运动服装和鞋类市场的地位。快进到现代，耐克推出了新的标语"Play New"，鼓励人们勇于尝试新事物，不怕失败，并发掘自己的潜力。这一信息对于当今不断变化、充满不确定性的世界具有强烈的现实意义。

图 2.6　耐克经典标语

# 第三章 服装品牌与品牌管理

　　品牌是整合营销传播的对象，所有的传播活动的目的均应以围绕、建立、强化、提升或转变品牌形象来展开。因此，在阐述整合营销的方法前，应对与品牌有关的几个根本性的问题进行讨论，包括品牌是什么、品牌形象、品牌管理等几个方面。

## 3.1 品牌与品牌形象

品牌是一个含义十分丰富的概念。对于什么是品牌，我们应该先明确这个问题提出的背景。从营销传播的角度看，品牌是指消费者的心智。

### 3.1.1 品牌的含义

"品牌"一词来源于古诺尔斯语中的"brandr"，是"烙印、火烧"的意思。古代农民用热铁在家畜身上烙上标记，帮助人们区分产品。当代营销界普遍使用美国市场营销协会（American Marketing Association）对品牌的定义：用以识别一个或一群产品或劳务的名称、术语、象征、记号或设计及其组合，以和其他竞争者的产品或劳务相区别。这一定义亦强调了品牌用以区分商品的目的。

从营销的角度看，营销学者戴维·A. 阿克（David A. Aaker）的论述具有代表性——"品牌是产品、符号、人、企业与消费者之间的联系与沟通，是一个全方位的架构，涉及消费者与品牌沟通的方方面面。若不能与消费者结成亲密关系，产品就丧失了被称为品牌的资格。"这个论述强调了品牌的意义与消费者的关联。

从营销传播的角度看，品牌是一种感知，是产品或服务在客户心中的认知与联想。人们会在人脑中根据对一个产品或服务的使用体验形成一个总体的印象。当再次听到该产品的名称时，会触发与之相关的各种联想和回忆，如产品的功能与形象、个人的使用感受、产品在社交媒体上的口碑等。一个企业越被人熟知，越能在别人心中唤起一定的反应。

### 3.1.2 品牌形象

**什么是品牌形象**

什么是**品牌形象**（brand image）？当我们听到一个人的名字，脑海中会产生关于这个人的一系列联想，如外貌、身份、说话的方式，以及各种行为综合而成的一个整体印象，这些联想决定了我们会如何对待与这个人的关系。同理，在消费者考虑一个产品或服务时，所触发的与之相关的各种联想、认知和印象，如产品的功能与形象、个人的使用感受、产品在社交媒体上的口碑等，都被称作品牌形象。品牌形象影响着消费者对商品或服务的态度。

品牌形象是在消费者与品牌的各种触点（touch points）互动的过程中逐渐积累和建立的，如产品体验、广告传播、企业公益活动、大众口碑等。因而整合品牌的各种触点，传达稳定一致的形象，是整合式营销的主要目标。品牌形象一旦建立则具有一定的持续性，能实现相对稳定的商业产出，如带来忠实顾客。但同时，我们也应认识到品牌形象也受到竞争因素、突发事件、趋势变化和记忆衰退等各种因素的影响，因此，品牌的建设、维护、更新是一个持续的过程。

**品牌形象的结构**

根据凯文·莱恩·凯勒（Kevin Lane Keller）的理论，品牌形象由**属性**（attribute）、**价值**（value）和**态度**（attitude）三方面构成。

属性是构成品牌形象最为基础和直接的部分，它可以是和产品相关的属性，包括产品的类别、风格、质量、价格等，也可以是不直接和产品相关的属性，如品牌的使用者的形象，如性别、年龄、收入、个性、态度、生活方式等。此外品牌的使用场景也是品牌形象的重要组成部分，这一点对于服装商品尤为显著。如许多服装品牌以使用场景作为品牌的定位，如运动、休闲、职业、户外等。此外场景绑定成为许多服装品牌的营销策略，如露露乐蒙（Lululemon）品牌将"热汗"生活方式与瑜伽裤深度绑定，使消费者看到瑜伽运动就会联想到该品牌。场景既是品牌与消费者沟通的营销语境，也是品牌形象的实际表征。产品、用户、场景等品牌形象的维度为我们制定品牌沟通策略提供了很好的思考框架。

在属性的基础上是品牌为消费者提供价值或利益。这些价值包括功能性价值、享乐性价值和象征性价值，这些价值的含义在第二章中有较详细的阐述。这些价值是驱动消费行为的动力。品牌为了建立和巩固品牌形象，常需在营销传播的各个方面凸显品牌能够带给消费者的价值。如奢侈品牌常在店铺陈列中体现商品的稀缺感，店铺的装饰也以营造私密和舒适的氛围为主，使消费者能够产生尊贵、稀缺、高端的品牌联想，满足消费者对身份、地位、品位等象征性价值的需要。

品牌态度是消费者对品牌的情感倾向，包括对品牌的正面或负面看法。这种情感倾向是由品牌属性和品牌价值等多个因素综合构成的，消费者对品牌的产品质量、价格、服务质量、品牌形象等因素的认知和评价，以及他们对品牌的情感和经验等都会影响他们的品牌态度。态度对消费者行为具有重要影响，消费者对品牌的正面态度可以促使消费者采取自发的行为，如购买、推荐和口碑传播等，从而提高企业的销售额和收益、降低企业的营销成本。

### 3.1.3　服装品牌

由于人们对于服装的多元化需求，不同类型的时尚品牌围绕其独特的定位、价值主张和细分市场实施营销策略，形成了复杂的生态，较难简单地用单一维度来对服装品牌进行分类。但大体而言，服装品牌可以按照溢价水平、时尚受众、使用场景来进行分类。这些分类标准可以为服装品牌明确品牌定位和制定传播策略提供依据。

#### 3.1.3.1　溢价水平

品牌的溢价水平代表着服装产品的品质，也代表了品牌所赋予的抽象价值的高低。以溢价水平作为划分依据，服装品牌可以被分为平价品牌和奢侈品牌。

（1）平价品牌市场地位较低，品牌多面向广大的消费者，放弃针对某些顾客群的市场策略。平价品牌主要通过精简生产成本、高效供应链和大规模生产来实现价格的竞争优势。因此平价品牌通常与实惠、物超所值等联想相关联，其产品性能和服务能够满足消费者的基本需求。

例如，UR 品牌，其以快时尚基因作为运营和管理核心，凭借大店面、丰富款式、快速更新、高性价比、低价（春夏平均单价 250 元，秋冬平均单价 320 元）的快时尚特质，俘获年轻消费者的心。目前，UR 门店已经广泛覆盖国内一线城市的重点商圈，是很多购物中心的热门品牌。

（2）奢侈品牌享有极高的知名度和美誉度，其独特的品牌标识和高端形象使其在市场上备受关注。奢侈品牌注重品位和品质、面向高端和中高端市场。我们不能仅将奢侈品看成"定价高于大众消费品"的商品，它还包含更多的象征性。奢侈品是罕见的且具有享乐性的稀缺物品，很难获得或者使用，能够在提供独特体验的同时，提升或巩固社会地位。

迪奥（Dior）是一家享有盛誉的奢侈品牌，以其高质量、创新和奢华的产品而闻名。迪奥的品牌定位是将时尚与经典相结合，注重独特的设计、精湛的工艺和优雅的风格。迪奥的受众是追求奢华与品质的消费者，他们对时尚有着较高的追求，并且愿意为独特的设计和卓越的质量买单。

### 3.1.3.2　时尚受众

在当前消费者需求日益多样化的市场环境下，对服装品牌进行分类时，可以从基础性需求和个性化需求两方面考虑，分为大众品牌和小众品牌。

（1）大众品牌是指那些在市场中具有广泛知名度和普及度的品牌，其品牌名称和标识符号在消费者心中具有较高的辨识度。这类品牌通常以其广泛的产品线、中等价格和适应广大消费者需求的能力而著称。它们的成功关键在于保持品质稳定性、价格合理性和持续的品牌传播。同时侧重于通过实用性和符合消费者需求的情感诉求来打造品牌形象。

丽丽（Lily）品牌是一个商务时装品牌，秉承时尚与商务完美融合的理念，以清新明快、现代简约的风格，为都市年轻职业女性设计商务场合"正合适"的商务时装。丽丽女装品牌在中国开设有 700 余家品牌店铺，天猫官方旗舰店粉丝数高达 700 余万。丽丽以"SHARP、FRESH、BASIC、JOY"多产品线并行，满足不同年龄、不同职业层级、不同职业场景、不同女性角色的着装需求。

（2）小众品牌在服装市场中通常指那些定位相对较为独特、面向特定细分市场的品牌。个性化消费是小众服装品牌产生的重要原因。随着消费者生活水平的提高，一些品牌及其设计风格在满足消费者的基本穿着需求下，转而去追求背离大众的个性化符号。商业战略以及品牌观点只需聚焦于精选出来的消费群即可。这些品牌通常通过独特的设计理念、限量版产品或者与特定的文化、社群相关联来吸引消费者，让小众消费者找到契合自身精神理念的产品。在这种高互动关系下，消费者品牌忠诚度较高，社群内消费者在追求独特性和个性化时愿意持续支持这些品牌。

最近 10 年中国独立设计师品牌取得了快速的发展，涌现了一批在国内外均有一定影响力的品牌。SHUSHU/TONG 品牌将目标客户定位为具有高时尚意识、非常年轻、很市场又不愿意从众的小众群体。SHUSHU/TONG 受众不以年龄来做区分，唯一的条件就是具备"少女心"，尤其是思想和态度上，通过穿衣风格展现出同龄人鲜有的无所畏惧和自信。该客群的品牌忠诚度高，品牌意识强，爱将个人情绪嫁接于符号化的商品中，乐于为兴趣买单。

### 3.1.3.3 使用场景

使用场景是指品牌产品是在何种情况下被购买和使用的。不同的环境背景必然影响消费者对品牌形象的判断。使用场景与消费者的生活方式紧密相连，产品使用场景所产生的品牌联想是十分有利的。当一个品牌占据一个场景，不同的消费者进入这个场景，就会联想到该品牌。例如，人们在进行羽毛球运动时可能会联想到尤尼克斯（Yonex），而打篮球时可能会联想到乔丹（Air Jordan）。

根据产品的使用场景，可以将服装品牌分为运动品牌、休闲品牌、礼服品牌、商务品牌等。以运动场景为例，不同领域对服装产品的功能性要求有所不同。例如，室内运动需要轻量化、透气性好的服装来提高运动中的灵活性和舒适度。野外运动领域的服装则需防水、防风、保暖等功能。针对不同的场景，品牌可以研发出专门性的产品，作为品牌差异化的基础。

## 访谈：童装场合礼服品牌的定位与成长

（访谈对象：陈翔飞，FunnyDream 品牌主理人、设计师）

**问：FunnyDream 的定位是童装场合礼服，这是一个特别的品类，您是怎么发现这个市场的？**

**答：** 我在做儿童时尚摄影的过程中发现了这个市场需求。时尚摄影需要找符合条件的服装，在找服装的过程中，我们发现市面上的服装都不太合适。比如，淘宝上的童装礼服缺乏品质感，一些符合时尚感的儿童礼服又太成人化。作为一个有服装设计专业背景的人，我想可以自己来设计制作服装，于是开始涉足这个领域。

**问：童装场合礼服主要包括哪些场合呢？**

**答：** 礼服本身已经是一个细分领域了，对应着一种场景。这个场景的出现和经济发展相关。现在的父母在教育上的投入更多了，礼服已经不局限在派对、宴会这样的场合；小朋友参加毕业典礼、上台做主持人、钢琴表演都需要特定的服装。

并且这个市场还在向精细化方向发展。比如，有的顾客还是会觉得我们的设计不够日常，希望能够有一些偏向基础款的，周末出去玩也能穿的服装。因此我们现在也在开发周末系列。有些场合是跟着顾客的需求发展去变化的。在这个变化中，我也能够洞察到家长对孩子成长的期许和对某种生活方式的一种巩固。我们希望品牌能够成为这部分人群打造和实现梦想的道路上的陪伴者。

就目前而言，场合礼服是品牌最核心的产品，希望当一个小朋友有钢琴表演的时候，能够想到 FunnyDream 这个品牌，这是我当下的目标。

**问：在品牌发展过程中，您是如何找准品牌定位的？**

**答：** 最开始的时候，其实定位还不算特别明确，几乎是被市场需求推着走。但开始做了这个品牌后，发现这个市场不小。现在家长们都很重视教育，让孩子们从小就参加各种活动，来帮助他们建立自信。这些场合都是需要适合的服装的，而市面上的童装礼服受到各种动漫、大 IP 驱动较多，他们找不到非常匹配他们需求的童装礼服。可以说是在对市场需求的洞察之下，我逐渐明确了场合礼服的品牌定位。

**问：每一个服装品牌都讲着一个属于自己的故事，您的品牌想表达的故事是什么呢？**

**答：** 我其实在品牌创立之初就想好了品牌想要表达的故事。这个理念与我个人的价值观有关系。当一个人回想人生时，可能会发现一辈子的追求都是童年曾经的一些梦想，这些梦想在暗暗指引着你。我希望把这种无形的、抽象的东西以服装的形式表达出来。

在品牌成长的过程中，这种梦想的阐述已经有所显现了，小孩有属于小孩的梦想，比较天马行空的；家长有家长的梦想，这种梦想以一种更为现实的形式投射在了孩子身上。我希望 Funny Dream 品牌在小孩和家长两个层面都能够给出答案。

## 3.2 品牌的商业产出

品牌之所以成为许多企业经营活动的核心要素，是因为它能为企业带来显著的商业产出。品牌的商业产出至少体现在提高产品溢价力、提升市场渗透能力和降低营销成本等方面。

品牌所带来的溢价力是许多制造型企业试图建立自有品牌的动机。品牌和白牌产品、强品牌和弱品牌产品，其价格在市场上有十分直观的差异。一件普通 T 恤衫的市场价可能在 80 元左右，但是当这件衣服被贴上某一国际奢侈品的标签，价格能够破万。这是源于奢侈品牌长期以来积累的品牌信誉能够为消费者提供超出产品本身的附加价值。波司登从 2018 年开启品牌转型路线，更新产品设计、邀请一线明星为产品代言。打出了"时尚感"和"科技感"的波司登羽绒服四年间品牌吊牌价均价上涨 80%。

品牌带来的商业价值还体现在其赋予企业快速渗透新市场的能力，使他们能够在极短的时间内打开市场。以加拿大鹅为例，该品牌自创立以来经历了六十多年的发展，在全球已经建立了一定的知名度。直到 2018 年，品牌才正式进入中国市场，在北京三里屯开设了第一家精品店。不少消费者在寒风萧瑟中排队等候近两个小时才得以进入店内。在开业不到三天的时间里，加拿大鹅店内所有热门型号产品就已全部售罄。其天猫旗舰店仅用了短短三个月的时间，就拥有了超过 31 万粉丝。

此外，品牌能够显著降低营销成本。这是因为品牌可以帮助企业建立认知度，增强品牌的信誉和消费者对品牌的信任，这种信任帮助消费者识别品牌，快速做出购买决策，形成品牌忠诚。一般来说维护一个老顾客的成本要远远低于吸引一个新顾客的成本。并且，具有强品牌的企业通常会受益于口碑营销和消费者推荐，这进一步降低了营销成本。

近年来，购物式社交媒体快速发展，直播带货、兴趣电商成为热潮。众多中小服装企业以短视频作为渠道，凭借快速的市场反应能力，赢得了一部分市场。社交媒体上的意见领袖、网红、博主的带货，以及丰富的 UGC（用户生成内容）平台也让消费者不再仅仅依赖品牌力来做消费决策，消费旅程大幅缩短。有观点认为，这些新的营销模式以及消费者行为的变化冲击了品牌的商业价值。对于服装品牌来说，部分服装企业本来就重产品、重渠道、轻品牌。如今一些电商起家或者以短视频直播带货为主要渠道的服装企业更是认为品牌是虚无缥缈和不切实际的，重点应该放在产品或者渠道上。与此同时，也可以看到许多中国服装品牌开始重视品牌的打造，其中不乏成功地进行品牌焕新的案例。

## 3.3　品牌的生命周期

**品牌生命周期**（brand lifecycle）是服装品牌管理中较为突出的问题。原因在于，服装品牌较之许多其他品类，其产品开发和更新的频率要高出许多，多数品牌都根据季节推出一定比例的季节性商品。服装品牌的产品开发和更新通常不是基于技术的创新，而属于文化范畴的创新。特别是对于品牌价值体现为象征价值和体验性价值的品牌来说，社会价值观、文化思潮、消费习惯等的变化对其价值输出具有十分重大的影响。这些环境因素的变化常常是不确定且不可控的，这导致了品牌在不同的阶段所面临的问题和需要采取的策略不同，这也凸显了营销传播对延长服装品牌生命周期的意义。品牌生命周期分为以下四个阶段（图3.1）：

**导入期**（introduction）：这是一个全新品牌进入市场的阶段。在此阶段，企业面对的挑战是：需要投入大量资源来推广品牌，迅速进入市场，让消费者知道自己。

**成长期**（growth）：在成长期，企业的品牌开始被更多的人所认识和接受。销售额逐渐增加。在此阶段，企业面对的挑战是：需要建立起自己的品牌形象与认知，加大市场推广和创新投资，以满足不断变化的市场需求和不断提高的顾客期望。

**成熟期**（maturity）：在成熟期，企业的品牌已经在市场上占有一定地位，销售额相对稳定。在此阶段，企业面对的挑战是：维护现有客户的忠诚度，并继续提高产品质量和服务水平，以保持竞争优势。企业还需要面对市场饱和和增长放缓的挑战。

**衰退期**（decline）：在衰退期，企业的市场份额和销售额开始下降。此阶段企业面临销售额和盈利下降的挑战。他们可能需要重新定位品牌或完全退出市场。

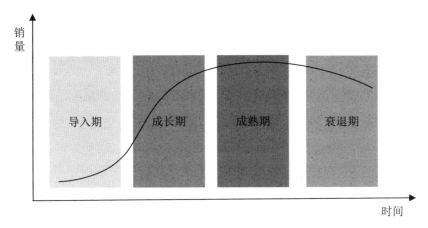

图 3.1　品牌生命周期

　　甄别品牌在生命周期中所处的阶段，对于企业的经营活动，特别是营销传播的策略有十分重要的意义。品牌在生命周期的不同阶段面临的挑战、目标和任务将决定不同营销策略的合理性。关于营销策略，本教材将在第六章进行更详细的阐述。

**营销传播在不同生命周期阶段中的作用**

　　有些品牌会通过新产品开发、品牌扩张或营销创新等策略来延长品牌生命周期或重启品牌生命周期。对于服装品牌而言，营销传播的作用十分凸显。如图 3.2所示，在不同的品牌生命周期阶段，营销传播会起到不同的作用。

　　在导入期阶段（图 3.2a），营销传播能够帮助品牌较为快速地打开市场。有效的营销策略可以增加品牌的曝光度和知名度，吸引更多的潜在客户关注和尝试该品牌的产品或服务。

　　在成长期阶段（图 3.2b），有效的营销传播能够帮助品牌提前进入成熟期，在市场中尽早建立竞争优势，抢占市场先机。

　　在成熟期阶段（图 3.2c），营销传播能够帮助品牌始终保持市场占有率，积极的品牌营销活动可以提高品牌的知名度和认可度，吸引新客户并保持现有客户的忠诚度。

　　在衰退期阶段（图 3.2d），积极的营销传播策略能够帮助品牌焕新，重新激活市场需求，并在困难时期中保持竞争力和持续发展。

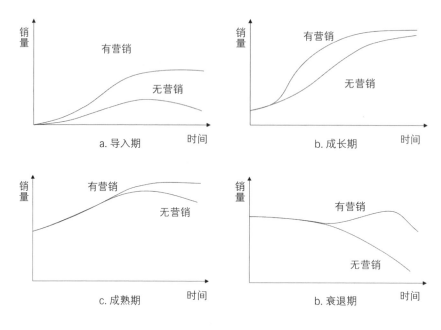

图 3.2　营销在品牌生命周期中的作用

以本土的服装品牌海澜之家为例，近两年该品牌正在寻求革新。除了产品设计革新和加大渠道布局之外，海澜之家正通过营销手段增加用户黏性，加深品牌认知。在 2023 年签下了爆火的演员张颂文作为品牌代言人，借助代言人 20 年磨一剑的稳重、专业的形象，进一步巩固了"国民品牌"的品牌定位。此番代言广告也在媒体上掀起热潮，加持了海澜之家的流量属性。

**品牌追踪**

由于品牌具有生命周期的特征，品牌的管理也必然是一个动态的过程，需要持续检测和评估品牌的状态。对品牌健康状况的持续测量被称作**品牌追踪**（brand tracking）。品牌追踪通常包括对品牌知名度、品牌形象、品牌忠诚度等指标的周期性的调研，如季度调研、年度调研。许多企业会将品牌追踪研究纳入品牌管理的流程，通过品牌追踪来了解品牌的竞争态势，识别市场趋势和消费者行为变化，并根据这些信息来设定品牌目标，制定营销策略。

服装品牌形象中的象征性因素十分突出，这些因素较难通过顾客到店量、销售量、销售额等行为数据来反映，只能通过消费者调研的方式来获得数据。消费者调研的成本一般较高，而服装品牌又具有长尾特征，因而目前品牌追踪研究在我国服装企业中还未成为普遍的做法。但随着服装品牌的虚拟化程度的加深，以及营销传播投入的增加，品牌追踪将逐渐被一些服装品牌纳入管理流程。

**延伸阅读：基于社会化聆听的品牌跟踪**

逐渐发展起来的社会化聆听，为服装品牌进行品牌追踪提供了低成本的途径。社会化聆听（social listening）又称社媒观测（social media monitoring），通过社会化聆听的方式可以把品牌的网络声量、正负面等同于传统漏斗里的认知度、喜爱度等指标，将其视为数字化世界里消费者的表达。在大数据时代利用社会化聆听进行数据挖掘也会更加便利且消耗成本相对较低。

图 3.3 是基于社会化聆听的耐克品牌的品牌追踪结果，其对品牌资产的利益维度进行了重点跟踪。

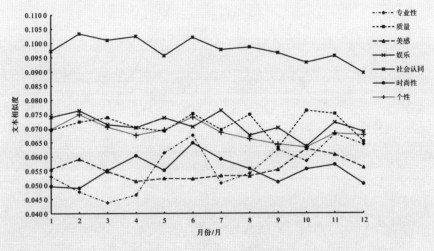

图3.3 耐克品牌资产度量结果

由图 3.3 可以看出，耐克品牌利益维度在各个时间段的度量数值呈现上下浮动的状态，不同利益维度之间有明显差异。那么对于营销人员来说，就可以根据品牌利益度量的动态结果，分析各利益维度之间及不同时间段的市场表现情况，度量该品牌资产，以制定相关的营销策略及策划对应的营销活动。

## 3.4　服装品牌的建设

品牌的市场表现往往是多种因素的结果。对于服装品牌来说，市场表现是品牌、传播、渠道、产品四个要素共同作用的结果。比如，优衣库作为快时尚的头部品牌，除了不断提供能满足消费者需求的产品外，其广阔的销售渠道、稳定的品牌形象、积极的营销传播均是其品牌市场表现不可或缺的因素。一个品牌企业在品牌、传播、渠道、产品四个要素上的能力被称为品牌力、产品力、渠道力和传播力，这四个要素和市场表现的关系由图3.4表示。

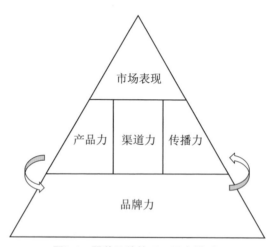

图3.4　服装品牌管理四要素模型

**品牌力**

品牌力是指品牌这个抽象的概念为企业带来的市场驱动力，品牌力的本质是品牌在目标消费者脑海中建立的认知和联想，是品牌的无形资产。由消费者心智转化成的消费行为是品牌商业价值的根本来源。产品、渠道和传播则决定了品牌是否能充分将消费者心智转化为市场表现。

对于成熟的品牌企业而言，品牌力代表了市场表现的基本面。强品牌力意味着稳定而高效的销售。主要表现为消费者主动到店行为，在购物选择中对品牌的偏好，以及品牌忠诚行为等。品牌力创造的商业奇迹不胜枚举。以之禾品牌为例，尽管品牌终年不打折，但该品牌打造的用户黏性和用户忠诚度仍然使品牌获得了极好的商业表现。之禾上海零售中心仅靠二十多家门店，2021 年会员销售总额就超过四亿元人民币。相反，如果消费者心智动摇，在市场中将会直接表现为基础销量的流失。企业不得不通过各种高成本的方法来维持市场份额，保障企业的运作。近年来，许多品牌都陷入了打折促销这一策略的恶性循环中。美国快时尚品牌 Forever 21 面对消费习惯的变化，采取了大规模的打折促销策略，但是这种策略导致了产品的利润率下降，同时也让消费者对品牌的价值产生了怀疑。最终导致 Forever 21 在 2019 年 9 月宣布破产。

在品牌的四个要素中，品牌力是最基础的部分，是品牌企业取得稳定且牢固的竞争优势的核心能力。如果失去了品牌力，其他能力无法支撑企业健康地发展。拥有品牌力，其他能力就有了发挥的空间。在我国，服装行业是一个充分竞争的行业，企业进入服装市场既不存在技术上的壁垒也不存在渠道上的瓶颈。服装品类本身的潮流特征也为产品开发带来极大不确定性。虽然凭借设计师和买手的丰富经验和敏锐的嗅觉，企业可以开发出好的产品，甚至爆款产品，但通过产品获得的优势并不牢靠，且极易复制。只有品牌力能为企业提供相对可靠的竞争力，成为企业阻挡竞争对手的护城河。因此，以品牌作为核心资产，使产品、渠道和传播等要素能围绕品牌进行整合，并根据市场的变化不断调整，是服装品牌企业一个较为实际的策略。

### 品牌虚拟化

近年来，品牌虚拟化是产业发展的一个突出现象。许多企业将品牌管理从产品的生产和销售等实体环节中分离出来，采用特许经营或品牌授权的方式将生产和销售环节外包给其他企业，而将企业资源集中于品牌管理和营销上，形成以品牌为核心的供应链条和生态系统。例如，恒源祥、罗蒙、迪士尼等品牌都具有不同程度的品牌虚拟化。这些品牌更多地依赖于外部制造商来生产产品。但是由于企业掌握了品牌这一核心资源，企业仍然能够有效统筹外部资源，形成完整的供应链条。这一现象凸显了品牌在价值链中的核心位置。

与此同时，许多企业仍然采用自主生产和销售的形式，特别是一些需要快速市场反应、对供应链要求极高的服装品牌，例如飒拉（ZARA），采取自主生产和销售的策略，能够更加便捷地进行产品和库存管理，更好地巩固其品牌形象与定位。可见，品牌管理的方式是企业的战略性问题，是企业根据自身资源禀赋和内外部条件综合考量的结果。

**产品力**

产品力是指在品牌力之外，产品本身对市场表现的驱动能力。服装产品具有季节性特征，大多数品牌的商品计划中都包含一定比例的延续性的基础款式和为当季开发的流行款。这些产品的设计是否符合目标消费者的喜好、生活方式，当下的流行趋势等很大程度上决定产品的市场表现。此外，服装产品分为多个品类，产品之间存在很大关联，恰当的产品组合也能增加消费者购买品牌产品的意愿。因此，许多服装品牌将大量的人力资源投入产品开发和商品计划部门。

与其他消费品相比，服装产品具有突出的外显性特征，这使得产品本身成为品牌的重要触点。服装产品的外观、风格、设计等是设计师对于品牌理念的直观表达，是消费者感受品牌形象最重要、最直接的渠道。李宁在 2018 年纽约时装周上推出支线中国李宁"悟道"主题系列服饰后，开启了高端化和潮流化的进程。通过将中国传统文化与潮流时尚相结合，李宁成功地开辟了"国潮风"，并受到众多消费者的喜爱。这一更新的产品线帮助李宁实现了利润成倍增长。然而，在过去的两年中，李宁的产品也出现一定负面口碑，争议主要在于产品设计更新迭代速度缓慢、产品定价过高以及产品同质化等。这表明，打造稳固的产品口碑，需要一个漫长的过程，并且需要配合定价策略、传播策略等组合打法来实现。

品牌定位不同，打造产品力的策略也有所不同。优衣库致力于为消费者提供基础款服装，但是优衣库也非常重视消费者的新鲜感，每一季会打造不同的内容。有时是摇粒绒面料，有时是"HEATTECH"功能，有时是与各种大 IP 合作，出一些联名图案的服装。优衣库商品开发团队不断思考如何改良设计、提高质量、增加商品的新功能，并在新的一年交上答卷，这是优衣库赢得顾客信赖的原因之一。

一些运动品牌的产品力体现在产品的专业性上。露露乐檬是非常注重产品研发的运动品牌。创新性的面料技术是露露乐檬的一大特色，如速干面料 Everlux™、柔软面料 Nulu™ 和 Nulux™ 等。在产品设计方面也进行了很多细节的改进，例如，使用平缝技术来减少缝线对皮肤的摩擦，将前腰压低、后腰拉高以帮助女性呈现更好的提臀效果。随着露露乐檬成为瑜伽裤品类的领先品牌，并在消费者心中建立起"高端运动服饰品牌"的认知后，它便自然而然地获得了高溢价的基础。消费者愿意为露露乐檬的产品付出高额的额外费用，并将拥有露露乐檬的产品视为身份的象征。

许多服装品牌是以设计师为核心的设计师品牌。成功的设计师本身也可以被认为是优秀的营销者，他们通过作品发布这一传播渠道，牢牢抓住顾客的心，为顾客创造了价值。

**渠道力**

品牌的渠道力指品牌将商品触达到目标消费者的能力。一个具有强大渠道力的品牌能够广泛地接触到目标消费者，为其提供便捷和舒适的体验，高效地实现销售端的转化。

传统意义上，渠道可以分为直销、经销、代理公司和商业连锁等几种类型。这些渠道可以通过专卖店、百货大楼、代理商店、平台官网店、电商旗舰店等形式来实现。在中国，大数据和新技术的发展实现了产业链的数字化转型，除了传统的销售渠道，以用户为主导的新零售模式和以微博、小程序、短视频平台等新媒体为载体的销售渠道成为主流渠道。线上线下的渠道被整合交织，消费者也对消费体验有了更高的要求。因此，企业需要在营销策略上做出必要的调整，以适应碎片化、分散化的消费环境。

许多中国本土服装品牌正在通过增强渠道力来实现品牌转型升级的目标。波司登通过提升线下实体店的渠道力来打造高端化、时尚化的品牌形象。它入驻商业综合体以开拓线下渠道，同时，与天猫新零售合作，开拓线上渠道。2019年，该品牌与阿里云合作打造了"零售云平台"，通过数据分析消费者喜好，并利用15天快速反应的供应链体系完成上货，实现了供应链高效反应。海澜之家则选择提升线上渠道，通过大力推动新媒体矩阵，形成了以客户为导向，以电商、新媒体为基础的多元化营销格局；并且完善了自身直播布局，入驻抖音、快手等直播平台，并在各电商渠道内打造自身直播网络，联合明星和KOL进行带货；实现了超过2亿元的营收，并优化了自身的库存结构。

希音（SHEIN）品牌的渠道力极大地助力了品牌海外业务的迅速成长。希音品牌渠道力的特点在于它的独立站。独立站具备经营自主权高、能够塑造品牌形象、掌握客户数据资源、打造私域流量几大优势。同时，希音打造了柔性供应链，在全球范围内建立了多个自有仓库和物流中心，实现了商品的自主管理和配送。希音还在全球多个城市开设了实体门店，为消费者提供线下购物服务和售后支持，进一步提升了品牌的渠道力。

**传播力**

传播力是指品牌将其信息传递给消费者的能力。传播力的作用，一方面体现在传播活动期间短期激发购买行为的能力，提高销售额；另一方面也体现在持续巩固和维护消费者心智，打造品牌资产。具有强大传播力的品牌可以提高曝光率、增加知名度和品牌价值，同时也能更轻松地进行市场营销活动，这些优势有助于吸引更多的潜在客户和提高品牌竞争力。

在数字化媒体时代，以互联网和社交媒体为基础的新的传播方式已经替代传统媒介成为了主流，如搜索引擎优化、数据驱动式营销、社交媒体营销、社群营销、口碑传播等。新的媒介环境为品牌提供了更多元的策略去传达品牌价值和接触消费者。同时，数字化媒体呈现出碎片化生态趋势，内容信息爆炸增长，如何在信息洪流中打造传播力，是当下企业面临的问题。

内衣品牌 Ubras 以社交媒体营销顺利建立了品牌力。它构建"KOL 种草 + 主播带货 + 明星代言"的传播矩阵：绑定头部直播带货主播，借助 KOL 的带货能力快速打开市场；签约新生代小花欧阳娜娜，通过她在小红书、微博等社交媒体种草，吸引年轻的"95 后"。社交裂变带来巨大流量，实现了品牌的高速增长。社交媒体营销具有高效率、高转化的特点，已经成为现在众多新兴品牌的选择。当然，巨大的流量红利背后如若没有优质的产品、好的内容做背书，所带来的品牌增长只能是昙花一现。

优质的内容和创意是传播力长盛不衰的关键，它能形成强烈的情感共鸣和感染力，培养忠实顾客。耐克品牌持之以恒地推出具有创意的广告，巩固着品牌形象与其在消费者心中的地位。它于 2019 年推出的"Dream Crazier"广告片，旨在庆祝女性在体育领域的成就，并且鼓励女性运动员追求梦想和证明自己。该广告片获得了 2019 年戛纳国际创意节的银奖，以及《广告周刊》（*Adweek*）的"年度最佳广告"奖项。在社交媒体和互联网上产生了非常大的反响，被多家媒体报道；在推特（Twitter）上，这个广告片的话题标签 #DreamCrazier 曾经成为全球趋势话题。耐克深刻的传播力，除了与对传播内容的视觉美感的高要求有关，与它注重从情感层面传播品牌价值也息息相关。可见，虽说当下时代被形容为"短平快"，但人们对深刻、有深度的内容的需求不曾变过，甚至超过以往。品牌想要打造传播力，用好的内容与消费者建立情感连接是必经之路。

对于处于转型中的中国服装行业而言，品牌建设是无法绕过的问题。对于品牌意义这件事，企业界存在一定争议。对许多以加工制造为主要业务的企业管理者来说，品牌常常被认为是务虚和不切实际的。但是仔细分析这些争议可以发现，这些争议主要是因为对品牌建设的路径以及品牌力的来源有不同看法，而不是对品牌力的价值本身有所怀疑。在品牌不同的发展阶段，企业的能力建设的重点不尽相同。不同类型的企业，其侧重的能力可能也有所不同。一些小众设计师品牌在发展初期，可能是由具有设计感的产品所带来的产品力来推动品牌发展；随着品牌具有稳定风格、多次上新，在其目标客群中逐渐积累了一些品牌力，吸引其不断复购；品牌也可以与买手店合作，拓宽自己的分销渠道来接近消费者，使消费者能够更加容易地购买到该品牌产品；与此同时，品牌主理人也可以通过组织线上线下营销活动、投放广告等方式营销。无论如何，各种能力的协同才能起到事半功倍的效果，推动品牌的市场表现。

**访谈：服装品牌的品牌建设**

（访谈对象：弗兰克·欧（Frank Au），凯度洞察定量研究高级总监）

**问：您在品牌咨询行业多年，服装品牌目前面临着什么样的问题？**

**答：**首先，很多服装品牌希望了解自身品牌和产品的现状，主要包括品牌金字塔的品牌漏斗，即整个品牌和产品系列在市场营销中的地位。其次，品牌定位也是一个重要问题，包括品牌情感属性的定位以及母子品牌之间的品牌差异化等。最后，服装品牌在研发新产品时也希望进行市场验证。

**问：服装品牌在品牌定位上和其他消费品有什么差异？**

**答：**就我的观察而言，服装基本上可以分为两种，一种是偏功能性的服装，这类服装和快消品的属性比较像，以突出功能特点、满足功能需求为主要方向。

一种是偏时尚潮流的，具有身份象征的服装。这类服装的底层逻辑和消费品中的饮料有相似之处，主要通过激发情绪来吸引消费者，与服装品牌形象是相符的。服装品牌方的诉求的特征点在于，服装产品非常强调时尚，即使是功能性服装，品牌方也希望能够帮助它既兼具功能，又满足好看。他们希望在有矛盾的地方做一些结合。

**问：服装行业的一些从业者认为企业有好的产品就可以了。您认为这种以产品为核心的理念和品牌建设是否存在冲突？**

**答：**产品开发和品牌建设这两个方面并不冲突。一方面，对于消费者来说，产品维度的内容也会影响他们对品牌的偏好。有的消费者认为一个品牌有品质，这个品质感的来源其实也是面料、细节、做工，哪怕是针脚这类非常细微的东西都会给消费者带来一些品牌层面的好感。另一方面，品牌理念和产品落地的联系非常紧密。以可持续理念为例，有的品牌把可持续发展的成本转嫁给了消费者，消费者对此肯定不愿意买单。只有在卖给消费者的价格是一致的前提下，才能够有效向消费者传达可持续发展理念。因此，对于服装品牌来说，产品是品牌理念的实质性载体。

**问：品牌建设通常会涉及各种营销传播活动。有观点认为服装品牌应该以产品说话，营销传播对服装企业的必要性不高。您对这个观点怎么看？**

**答：**近几年品牌发展的主旋律就是"年轻化"，而这些品牌大多数都是以营销的角度去切入的，也就是说，以现有产品的功能点包装成消费者所需要的东西，把情感利益点表达清楚，和消费者产生情感共鸣。所以我认为重视产品和营销传播是不矛盾的，当下正是产品功能化向情感化阐述的过程，这个过程就是营销的过程。

其实，我接触的服装品牌客户，他们在广告营销方面的投入总体上并不少，只是媒介多了，媒介投放的占比根据企业不同的特点有所变化，比如有的重视内容媒体，有的重视电商店铺的打造。这些更加软性的广告营销的投入不像传统媒体那样容易被感知，所以会产生服装品牌是不是不做广告营销了的感觉，其实不是的。

# 第四章　整合营销工具

　　品牌与消费者的接触不局限于特定的形式或媒介，也不受时间或空间的影响。只要涉及传递品牌信息，任一传播方式都可以称作品牌触点，都可以成为整合营销的工具。基于不同类型的渠道触点和媒介以及它们在服装产业中的应用，可以将服装品牌营销沟通渠道分为传统营销沟通渠道、新兴营销沟通渠道和服装产业特有沟通渠道三类。本章对这些触点的特点和它们在服装品牌沟通中的意义进行了阐述。

## 4.1　品牌触点与沟通渠道

　　整合营销传播概念的提出者，唐·舒尔茨将品牌触点广泛地定义为现有或者潜在消费者对品牌形象或者相关信息的体验。品牌触点这一概念的重点在于强调品牌与消费者之间的接触和交互，不局限于特定的形式或媒介。

　　品牌接触可以通过两方面来实现：计划性传播过程和互动过程。其中，计划性传播过程是指企业有意识地通过广告、宣传、市场营销等手段来传达品牌信息和形象。这些传播活动可以增加品牌知名度和曝光度，为顾客提供接触品牌的机会。并且计划性的传播手段只是支持性的活动，企业还需要重视服务过程的管理，注重与顾客的互动过程和体验，以提供积极的品牌接触。通过这种方式，企业可以建立起良好、积极的品牌关系，增强顾客对品牌的忠诚度和信任感。

　　品牌触点广泛存在于经由多种渠道的不同层面的营销组合中，贯穿品牌传播的全过程。它们是企业在进行广告、促销、包装、公关、售后服务等一系列整合性的营销与传播活动中，所打造的能够让消费者获得品牌信息的一些渠道。这些渠道是多样的，但传递的品牌信息必须是一致的。通过这些渠道，顾客能够感受到品牌的特征、形象和价值，进而影响他们对品牌的态度和行为。

　　基于不同类型的渠道触点和媒介以及它们在服装产业中的应用和重要性，可以将服装品牌营销沟通渠道分为传统营销沟通渠道、新兴营销沟通渠道和服装产业特有沟通渠道这三类，相关渠道的特点和代表模式如表4.1所示。

表4.1　营销沟通渠道与特点

| 沟通渠道类型 | 特点 | 代表模式 |
| --- | --- | --- |
| 传统营销沟通渠道 | 多数为单向传播、成本较高、难以监测沟通效果 | POSM、形象店、广告、PR、赞助、明星代言等 |
| 新兴营销沟通渠道 | 互动、不被时间和空间局限、成本较低、精准、易监测 | 关键意见领袖、站内媒体、传统电商、新电商、自有媒体私域运营与CRM客户关系管理系统 |
| 服装产业特有沟通渠道 | 注重艺术性、致力于展示服装作品、互动性强、特定的时间和空间 | 时装秀、时装展会与时尚展厅、时尚展览及时尚博物馆 |

## 4.2　传统营销沟通渠道

传统营销沟通渠道是指通过各种传统媒介和渠道，向潜在客户或目标市场推广产品或服务的方式。大体分为实体产品/服务触点（POSM、快闪店、形象店）、媒体广告触点（广告、PR、赞助、明星代言）和售后反馈触点（售后服务、消费者反馈）。传统营销沟通渠道通常是由品牌或企业向目标受众传递信息的单向传播过程。而且其沟通效果监测也相对困难，虽然可以通过统计数据评估广告曝光量，但无法准确衡量消费者对于传播信息的反应和认知，即沟通对品牌带来的效益。并且一些传统营销沟通渠道的落地和执行需要较高的投入和成本。例如，制作广告需要费用支出、POSM 的设计与制作、明星代言需要支付代言费等。这些成本可能对于一些中小型企业来说是一项挑战。下面介绍几种主要方式。

POSM

POSM（point of sale material，终端促销陈列物料）是指在销售点（如零售店铺、超市、商场等）用于促销和营销目的的陈列物料和推广工具（如货架标志、横幅、海报、吊牌、堆头、桌陈等）。POSM 一般用于宣传特价促销、新品推出、优惠活动等，通常放置在销售点的战略位置，如收银台、货架附近或进入通道，以确保最大的曝光度和影响力，并采用鲜明的颜色或者吸引人的创意设计在繁忙的销售环境中吸引消费者的兴趣和目光，刺激消费者的购买行为。

### 快闪店

快闪模式的核心元素是短期的、临时性的。因此，快闪店（pop-up store）是指一种短期的零售店，开设期通常只有几个月、几周甚至几天，一般选择在高人流量的商业区域出现，售卖限量或独特的产品，然后关闭或转移到其他地点。这种临时性的经营模式使快闪店与传统零售店铺不同，为品牌提供了一种灵活的营销方式。其独特的非传统的店面设计、装饰和陈列方式以及创意概念能够吸引消费者的注意，营造与众不同的购物体验，为品牌提供了一个展示和宣传自身形象、产品或服务的机会。并通过所创造的独特的购物环境和体验与消费者互动并建立情感联系。

### 形象店

品牌形象店（flagship store）是一种独特的零售店铺，通常开在商业场所的重要区域。它们开设并经营的目的不在于如何提升店铺单位面积的营业额，而是作为一个品牌公司的宣传窗口，提升品牌形象。因此，品牌形象店更侧重于通过店铺的设计、装饰和陈列来展示和传达品牌的理念、文化和形象。它强调创造与众不同的购物体验，通过独特的空间布局、装修风格、音乐、灯光等，营造出与品牌形象和理念相契合的购物环境和氛围。注重品牌的故事和背后的创意，并与消费者分享品牌的独特故事和意义。

### 广告

广告（advertising）是通过各种媒介向广大受众推销产品或服务的方式，一般可以分为传统广告和互联网广告。传统广告的主要传播形式是由发送者经过信息媒介将产品或服务信息"推向"消费者。其特点是信息大面积播送，依靠发送者对媒体或场景的受众特点来做决策，但几乎不能直接对标到细分的目标市场；在信息传送和反馈之间是隔离的、非交互的，并且有时差。互联网广告的特点是能够选择将广告定向推送给特定人群，并能与其进行互动，而且投放效果可以在一定程度上追溯和量化。

广告的优势在于能够广泛覆盖目标客户群体，提高品牌知名度，但在传播过程中由于噪音的干扰，存在一定的信息失真。这些噪音往往隐藏于信息的沟通过程，在很多跨文化传播中，由于地区文化的差异，导致并非有意的误解、误译或误读，亦有可能成为噪音，干扰或歪曲传递给目标群的广告信息。

**公共关系与赞助计划**

公共关系与赞助计划都是整合营销传播计划的组成部分。它们通过不同的传播方式和机会，为品牌传播提供了多样性和综合性，帮助品牌与目标受众建立关系、增强影响力，并通过与品牌的有机联结实现整合营销的目标。

（1）公共关系（public relations，PR）活动是一种管理组织与其内部和外部公众之间关系的活动。通过建立和维护积极的沟通和互动，公共关系旨在塑造和维护组织的形象、声誉和关系，促进利益相关者的理解和支持。企业的公共关系部门负责公共宣传以及与公司接触的每个群体的沟通。在整合营销传播计划中，公共关系可以通过新闻稿、媒体关系、事件组织、社交媒体等渠道，传递有关品牌、产品或服务的信息，增强品牌形象和认知度。学者总结了公共关系的五种关键职能，如图4.1所示。

---

◎ 识别内部和外部利益相关者

◎ 开展积极的形象塑造活动

◎ 评估企业声誉

◎ 预防或减少形象损害

◎ 审计企业社会责任

---

图4.1　公共关系的五种关键职能

（2）赞助（sponsorship）是指组织与特定活动、项目或个人合作，提供经济支持或资源，以获得品牌曝光和关联效应。赞助可以面向体育赛事、文化活动、慈善事业等领域。通过赞助计划，品牌可以与目标受众建立联系，借助被赞助活动的影响力和关注度，提升品牌知名度、塑造品牌形象，也可以激发消费者的情感共鸣。通常来说参加赞助活动或特定事件的一方对所进行的活动已有一定的兴趣或好感，并进一步传递给提供赞助的公司和品牌。赞助营销和事件营销在本质上类似。两者的区别主要是对象不同，赞助营销资助的是某个人或团队，而事件营销资助的是特定的事。

**明星代言**

明星代言（celebrity endorsement）是指通过明星的形象和影响力来宣传和推广产品或服务的方式。其最大的优势在于品牌能够借助明星的强大的社交影响力和曝光度，吸引大量的粉丝参与品牌的活动和宣传，进而增加品牌的曝光度，扩大传播范围，扩展品牌的知名度和认知度。品牌应该选择与具有相似形象和价值观的明星合作，以加强品牌的定位和身份认同。这种情感共鸣和品牌认同可以增强消费者对品牌的好感和忠诚度。明星代言除了有娱乐作用外，对非粉丝或轻度粉丝也具有吸睛作用；对忠诚粉丝具有加强情感投入的作用。但同时明星代言是一把双刃剑，因为不是所有明星代言都能为品牌带来稳定积极的营销效果。在广告上，可能会出现"吸血鬼效应"（vampire effect），即观者在观看广告过程中无意间丧失了对广告商品本身的关注。通常由于在广告中运用了幽默、性、名人，导致用户的注意力偏差，这也是广告诉求在运用中需要加强注意的地方（广告诉求详细解读可见第五章5.4节）。除此之外，明星代言还需要承担高额的代言费用和某些不确定的风险。

总体而言，传统营销沟通渠道虽然经历了数字化时代的冲击，但仍然具有一定的优势和发展空间。对于企业来说，需要结合自身的品牌形象和市场需求，选择适合的营销沟通渠道，并注重数字化的转型和升级，以更好地提高产品的销售量和品牌的影响力。

# 4.3　新兴营销沟通渠道

新兴营销沟通渠道主要是指数字化时代兴起的、具有移动互联网时代特征的各种线上渠道和新型电商平台，这些渠道的兴起为企业提供了更加多样化和精准化的营销方式。

**电子商务平台**

电子商务就是通过电子媒介提供买卖服务。具体而言，电子商务存在于网络中，通过专门的网站，即电商平台以电子支付交易的形式购物。电子商务平台是在互联网进行商务活动的虚拟网络空间，它通过协调、整合信息流、物质流、资金流等保障商务活动的顺利开展，为买卖双方提供信息交流、产品交易及电子交易过程中的增值服务。企业、商家可充分利用电商平台提供的网络基础设施，如支付平台、安全平台、管理平台等，有效地、安全地、低成本地开展商业活动。通过整合电商平台的信息集成优势，企业可以大规模定制营销活动，根据消费者的需求和偏好，灵活地推广产品，提供个性化的服务和体验。同时，通过电商平台，企业可以直接与消费者进行互动，了解他们的反馈和需求，并及时做出调整和改进。

（1）传统电商。传统电商一般是指像天猫、京东和拼多多这样的 C2C 或者 B2C 的综合电商平台。这些平台提供了广泛的商品种类和丰富的功能，涵盖了各个行业和品类的商品。传统电商平台通常具有较大的用户规模、完善的物流配送系统、多种支付方式以及信誉保障等特点。商家可以在这些平台上开设店铺或者直接发布商品，通过平台的流量和用户基础进行销售和推广。传统电商平台以商家为中心，提供了商品展示、订单管理、支付结算、物流配送等全套的商业服务，同时为消费者提供了便捷的购物体验和购买保障。对于企业和商家而言，选择在传统电商平台上进行销售可以利用平台的品牌影响力和用户流量，快速触达广大消费者，并通过平台提供的各种功能和工具进行产品推广和销售管理。

（2）新电商。新电商是指在数字化时代兴起的基于社交媒体和内容平台的电商模式，或者是在特定领域或产品类型上有着专注的定位的垂直电商平台，如抖音、得物、唯品会、小红书等。小红书并非传统的 B2C 模式，而是 B2K2C 模式，K 即"KOC（关键意见消费者）"，KOC 是品牌和消费者的连接器。B 端品牌要通过 KOC 释放品牌信息，与 C 端粉丝形成互动，完成品牌种草，最终触达更多 C 端粉丝，形成销售转化和品牌价值的积累。抖音主要以短视频形式展示商品；得物的业务模式是 C2B2C，链接卖家和买家，收取手续费，主打潮流时尚和限量版商品；唯品会专注于折扣特卖。它们在特定领域或者产品类型上有着较高的专业度和影响力。

新电商平台更加注重研究用户的兴趣、偏好和行为数据并进行个性化推荐。它们会根据用户的浏览历史、点赞记录等信息，推荐相关的商品和内容，提高用户的购买意愿和体验。平台多鼓励用户生成内容，如用户可以发布商品评价、试用报告、购物分享等。这种用户生成的内容有助于增加商品的可信度，既提供了购买决策的参考，也提供了更真实的用户体验。

**自有媒体和私域运营**

自有媒体的私域运营是指企业或品牌拥有自己的媒体渠道或平台（如官方微信、微博账号等），并通过这些渠道直接与用户进行互动和沟通，以实现品牌建设、精细化运营和用户关系管理的目标。杭州电子商务研究院将"私域流量"定义为从公域（internet）、它域（平台、媒体渠道、合作伙伴等）引流到自己私域（官网、客户名单），以及私域本身产生的流量（访客）。私域流量是可以进行二次以上链接、触达、发售等的市场营销活动客户数据。私域流量和域名、商标、商誉一样属于企业私有的经营数字化资产。

（1）品牌官网。品牌官网是企业用于传达其目标、历史、产品和愿景的重要载体，也是实现传播和销售目标的在线营销方式之一。品牌官网作为非常宝贵的广告媒体，起到了传达关于品牌、品牌特征以及促销信息的作用。与其他互联网广告不同的是，用户浏览网站的方式往往是目标导向，例如，获取更多对品牌和产品的了解、参与品牌活动（如秀场发布、在线新品展示、线上展览）和注册企业会员等。因此，网站通过提供有用、有趣的信息内容来满足消费者目标搜索需求时，它的价值会得到凸显。结合品牌定位，官方网站在页面设计、功能性、娱乐性等方面的平衡显得尤为重要。

（2）微信。微信是一个可以及时与用户互动的交流平台，注重即时性，可以实现点对点的互动交流。与其他触点相比，微信具有更高的到达率、曝光率和接受率，互动关系更紧密，可实现精准推广。首先，微信的信息发布不会被轻易过滤，每一条信息都可以及时地发向用户。其次，用户可以根据自己的兴趣和需求进行选择和订阅微信公众号，这意味着他们对该品牌或内容有一定的兴趣和期望。因此，在用户主动关注的情况下，他们更愿意接收相关信息，而不会因感到过度侵犯个人信息而抵触。最后，微信提供了精准的用户分析和定位功能，品牌可以根据用户的兴趣、地理位置等特征，向特定用户群体推送定制化的内容和推广信息。因此，微信是构建私域流量池的最佳选择之一。微信生态系统是一个完整的系统，各个组成部分之间相互补充，形成了一个相对闭环的流量矩阵。公众号、视频号等平台可以用于引流和内容传播，通过发布有价值的内容吸引用户关注和参与，同时可以将用户引导到其他平台或社群，利用微信小程序和微信支付等完善、安全的交易系统用以满足用户购物、支付的需求。这样一来通过在微信上布局完整的私域流量矩阵，企业可以实现对用户的精准管理和运营，建立良好的用户关系，从而实现长期的流量经营和增长。

（3）企业微博。微博作为社交网络平台的老品牌，有着非常夯实的用户基础。和微信相比，微博推广的对象十分广泛且传播速度更快。企业可以通过在微博上发布相关内容、推广产品和服务，吸引用户的关注和参与。单条内容在微博上发布后，能以指数级的速度快速扩散，迅速触到大量的用户，形成广泛的传播效应，建立粉丝群体。并且，用户可以通过话题、标签等形成社群，共同关注和讨论感兴趣的内容。企业可以积极参与社群讨论，提供有价值的内容和观点，引发用户的关注和讨论。微博上还有很多影响力较大的KOL（关键意见领袖），他们拥有大量的粉丝和影响力。企业可以与合适的KOL合作，通过他们的推荐和宣传，将品牌信息传播给更多的用户。此外，微博平台提供了一些营销工具，如微博活动、微博问答等，可以通过这些工具开展营销活动，吸引用户参与，增加品牌曝光和用户互动。

**社交网站和内容营销**

（1）社交网站（SNS）。SNS营销是指利用各种社交网络如贴吧、豆瓣、百合网等来建立产品和品牌的群组，然后通过SNS分享的特点开展各种营销活动，达到病毒性传播的效果。一般来说SNS营销主要分为四种方式（表4.2）。

表 4.2　SNS 营销四种主要方式

| 营销方式 | 内容及特点 |
| --- | --- |
| 广告植入 | 将广告内容融入社交网站的情景界面中，以吸引用户的注意力并传达营销信息。被植入的产品或服务会在一定程度上突出显示，用户一般不会对其有明显的抗拒心理 |
| 投放定制广告 | SNS平台可以充分掌握平台用户的相关信息，因此，网站可以根据目标受众的特征和兴趣定向投放广告。这样可以提高广告的精准性和针对性，使得广告能够更有效地触达目标用户 |
| 打造公共主页 | 企业可以在社交网站上创建和管理自己的公共主页，用于展示品牌信息、产品或服务介绍、活动宣传等。通过粉丝关注、互动和分享，企业可以与用户建立更紧密的联系，提高品牌知名度和用户忠诚度 |
| 以应用形式进行活动营销 | 社交网站通常支持各种应用程序的开发和集成，企业可以通过开发与自身品牌相关的应用程序，吸引用户参与活动、竞赛、抽奖等互动营销活动，增强用户参与度和品牌体验 |

（2）内容营销（content marketing）。内容营销指的是通过发布图片、文字、动画、视频等，向用户传达有关企业、品牌或产品的内容，来给客户有价值的信息，以促进销售或提升知名度，达到营销的目的。其核心特征与要求：一是内容的转化，能够为用户提供有价值的服务，吸引和打动用户，影响和正向促进用户与品牌之间的关系；二是平台的选择，内容营销适用于众多媒介渠道和平台，大致可分为传统媒体（报刊、户外大屏、通信、广播、电视）和自媒体（博客、微博、微信、百度官方贴吧、论坛/BBS等网络社区）两个类别，但平台的选择十分关键；三是内容营销的成果衡量，是否能够产生盈利行为，也即营销绩效的测量与评估。

总之，随着数字化时代的不断发展和消费者行为的变化，新兴营销沟通渠道已经成为企业营销的重要组成部分，通过充分利用各种渠道的优势和发展趋势，可以实现更加多元化和精准化的营销效果。

**延伸阅读：直播带货实现快速增长的七大条件**

随着电商平台的兴起，直播带货成为最热门的销售方式之一。M品牌电商部门抖音直播负责人Eggy女士介绍了M品牌如何通过抖音平台实施一系列策略实现品牌的快速增长，并总结了实现直播带货快速增长的七个秘诀。

（1）目标管理。这一阶段的要点是拆解销售目标。Eggy所在M品牌当时设定了全年两亿元的销售目标，将庞大的销售目标拆解为不同的业务板块至关重要。业务板块包括抖音自播（品牌方自己搭建直播间）、达人直播（即网红带货）和代播（与代运营公司合作，由他们操盘大量的矩阵号）。随后对每个板块分配具体的销售额目标，并分配细化到每日、每周和每月。通过明确目标和拆解，使团队更加有针对性地推进销售业绩。

（2）主播管理。在服装品牌对应的人、货、场三大要素里面，人是第一位。主播是直播带货的关键因素，他们需要具备良好的专业能力和状态。M品牌打造了主播管理的三大抓手：面试、培训和管理。通过试播面试、系统培训和关注情绪状态，确保主播团队的整体表现和效果。

（3）流量管理。这是保证直播带货成功的关键。M品牌采用付费流量和自然流量相结合的策略。品牌通过投放广告获取精准流量，把更多的预算给到经济效益更好的主播，精确匹配人、货、场。同时，利用付费流量撬动自然流量，通过用户互动和口碑传播扩大销售影响力。此外，他们还积极利用私域流量，通过抖音群自动群通知粉丝直播信息。

（4）场景管理，即人、货、场里的场。直播的场景管理主要指直播间背景的搭建。核心就是针对不同类目做出匠心独运的场景展示、拉开差异。例如佰草集的某场直播以宫廷主题为背景，主播们穿着古装进行直播，展示宫廷风格的产品。场景的创造使直播间与众不同，增加用户的停留时间和购买欲望。又如，羽绒服品牌波司登选择在西藏的雪山上进行直播，取得了十分积极的反响。顾客一看到这个场景，就立刻觉得他们需要一件羽绒服。

（5）通过各种营销玩法给予消费者新鲜体验。例如，比较经典的美少女嗨购，通过唱歌、跳舞等形式吸引用户，让用户在娱乐的同时购买小零食。这些零食通常都是标品，即众人皆知的品牌，不需要很长的决策链路。又如，东方甄选的直播间颠覆了人们对抖音的刻板印象，通过学英语、讲故事等方式提升了直播间氛围和用户体验。

（6）提升物流和服务水平。随着抖音的发展，平台对于商家要求越来越高，抖音有自己的一套规则：评判一个商家是否优秀，有3个指标，分别是商品体验分、物流体验分和服务体验分。评判条件之严格以至于商家在1分钟内没有回复客户问题可能都会被扣分。抖音的体系背后是打造爆品的逻辑，在商品爆火的同时，供应链没有跟上也非常致命。抖音之所以设置物流体验分，就是为了把这种综合服务能力强、各方面体系比较完善的店铺筛选出来，给予一些额外扶持。

（7）商品管理。服装作为种类繁杂的类目，不仅涉及款式品类，还分上衣、裤子、裙子，而且每一种产品的面料选购、生产加工、整体设计等都有非常多的讲究。举例来说，M品牌虽然有很多线下店，但是抖音直播间的产品需要额外开发款式。线上和线下的货盘一定要分开，才不会因为抖音的低价影响到线下门店的生意。

就经营主体而言，品牌公司的人员架构、公司流程相对比较规范和复杂，会导致反馈速度不够快，错过一些很重要的节点和风口；以个人或自由个体组建的小规模公司没有那么多规章制度，决策和反应速度相对较快。例如，抖音某账号经营价格较低的快时尚类女装，拥有十几个人的买手团队，每天在全国各大批发市场和工厂进行选款。团队选出的款式寄回总部，再由主播本人进行筛选，挑选出的几十个款在直播间测试，通过观察后台商品的点击率、转化率判断商品是否具有爆款的潜质，成功通过筛选的款式立即投入生产。直播间和工厂紧密合作，先小批量生产一个款，卖完之后如果成为爆款，工厂会加足马力开始大批量生产。覆盖面广又符合市场需求的选品，加上后端的供应具备快速反应的能力，该账号一年可以达到亿元规模的销售额，营收并不亚于一个品牌公司。

来源：东华服装品牌研究中心。

## 4.4 服装产业特有沟通渠道

服装产业特有沟通渠道包括时尚发布会/时装秀、服装展会、时尚展厅、时尚展览与时尚博物馆等，这些沟通渠道在展示、推广和传动服装品牌的形象、创意和历史方面发挥着重要作用。

**时尚发布会/时装秀**

时装秀（fashion show）将时装通过舞台进行展示，是服装造型的舞台艺术表现。时装模特的生动表演，可将时装设计的意境和目标等，直观明了地传达给观众。时装秀在现代时装产业中扮演着重要角色，它是时装设计、生产和销售的重要环节之一。进一步说，时装秀通过服装的形状、面料、剪裁、配色和搭配等方面，传达出设计师对时尚、美学和品牌形象的追求，引导观众对时尚的理解和认知。因此，时装秀不仅是设计师展示作品的平台，也是引导消费和影响审美的重要手段，同时也为时装产业链的其他环节提供了商机和合作机会。时装秀吸引了媒体、买家、时尚专业人士等的参与，推动了时装产业的合作与交流，促进了时装设计、生产和销售的发展。

**时装展会**

它是展示服装及相关产品的专业展览活动，是服装产业中重要的沟通渠道之一。时装展会大致有以下几种表现形式：服博会、服装交易会、服装辅料展、家纺缝制设备展、时装周等。

（1）服博会。服博会是专门针对服装行业的综合性展览会，通常以展示服装、时尚配饰、面料、辅料等为主要内容。服博会是一个集合时尚设计、品牌推广、商业交流和潮流发布的平台。其规模较大、展品种类丰富、商业氛围浓厚，为行业内的参与者提供了广泛的商业机会和交流平台。CHIC（中国国际服装服饰博览会）是中国最具规模和影响力的服装服饰行业盛会（图4.2）。作为中国时尚产业的重要展览平台之一，CHIC每年通常有春季和秋季两个展览周期。展会吸引了来自世界各地的品牌、设计师、买手、零售商、代理公司以及媒体等服装行业的专业人士参与，旨在促进国内外服装品牌的交流与合作，推动中国服装产业的发展。

图4.2 CHIC 2023春季北馆实拍

（2）服装交易会。它是为了促进服装产业中的商业交流和交易而举办的专业展览会。它通常聚集了大量的服装品牌、设计师和买家，为他们提供了一个商务洽谈的平台。服装交易会注重商业性质、商务氛围浓厚，有助于推动行业内的采购和销售活动。

（3）服装辅料展。它是专门展示时尚配饰、面料、辅料等的活动。它为服装产业中的辅料供应商、设计师和制造商提供了一个展示和交流的平台。参展商和观展者可以了解最新的面料和辅料趋势、建立供应链合作关系，并展示自己的产品和创意。

（4）家纺缝制设备展。它是专注于展示家纺和缝制设备的专业展览会。它为家纺和纺织行业的制造商、供应商和采购商提供了一个商业交流和合作的平台。参展商和观展者可以了解最新的家纺和缝制设备技术，洽谈采购合作。

（5）时装周。它是以时尚设计和时装发布为核心的系列活动，是时装设计师和品牌展示新系列的平台，吸引来自全球的时尚界专业人士、媒体和时尚爱好者。时装周通常包括时装展示、时装秀、发布会、派对等活动。它的特点是注重创意、时尚前沿性、媒体关注度高，对时尚产业的影响力较大。我国具有代表性的时装周有中国国际时装周、上海时装周、深圳时装周等。中国国际时装周1997年创办，是中国创办最早的时装周。该时装周吸引了来自日本、韩国、新加坡、法国、意大利、美国、英国等10余个国家和地区的中外设计师，有三百余家中外品牌在这里举办了发布会。

**时尚展厅**

时尚展厅（showroom）源自欧洲，是时尚品牌集中进行展示和交易活动的平台和重要桥梁，showroom 既是品牌展示空间，也是设计师品牌重要的分销渠道，有时也会根据 showroom 经营模式不同，将其作为零售空间使用。showroom 参展（或入驻）品牌多为设计师品牌，由于自营品牌 showroom 成本较高，部分品牌尤其是新创立的品牌在发展过程中可能不具备足够的市场渠道拓展资源。因此，设计师品牌会选择在时装周期间租借场地来展示自己的品牌，或者入驻多品牌集成 showroom，通过 showroom 建立与买方，也即品牌集合店、百货店等经销商之间的合作关系。通常情况下，showroom 会根据品牌的销售额或买手订货金额来收取一定比例的佣金作为利润。这种模式下，showroom 能够辅助品牌进行订单管理、物流到店以及推广工作，因为它们的利润与销售业绩直接相关。

**延伸阅读：典型时尚 showroom**

DADASHOW 由上海渡那于 2017 年推出，是中国时尚 showroom 行业的开创者，帮助国内外数百个品牌与中国快速增长的个性化时尚市场联结。经历了时间的沉淀和积累，DADASHOW 2023 秋冬订货会以"NOW！现在"为主题，面积超过 5 500 米²，品牌设计辐射各个年龄层，实现了不同风格的集聚。showroom 云集了 65 个设计师品牌，呈现了涵盖服装、配饰、生活方式等多品类的优质新款。

订货会期间，DADASHOW 团队通过主题对话活动"DADATALK"邀请时尚领域极具特色和代表性的行业精英和先锋力量纷纷到场进行分享，传递行业前沿趋势和热点信息，洞悉时尚行业发展进程中的特征现象及运行逻辑，共同探索行业发展瓶颈的解决方案与成功路径。

图4.3　DADASHOW 2023秋冬订货会现场

**时尚展览**

时尚展览通过主题设置、空间设计和展品陈列等手段来展示品牌理念、传达设计理念以及为观众提供独特的品牌体验。时尚展览通常以特定的场地为基础，将品牌的视觉元素、创意概念和产品展示融入其中，创造出独特的展览氛围。其设计和布置往往突出品牌的个性和风格，并与品牌的核心价值和理念相呼应。通过精心设计的空间布局、展品陈列、艺术装置、互动体验等元素，时尚展览呈现给观众一个独特的品牌世界，让他们在展览中感受品牌的精神、故事和创新。

在过去，时尚展览通常在博物馆等艺术空间进行。但随着众多各具特色的商业空间陆续出现，尤其是商业地产的活力增强，在商业空间里开设各类展览，如前文提到的 pop-up 空间，正悄然成风。店铺陈列（visual merchandising）作为服装品牌门店的展览渠道，也是时尚个性化表现的重要触点。对于店铺的视觉展览也有着一套陈列分区术语，常见的有视觉演示陈列（visual presentation）、销售要点陈列（point of sale presentation）、单品陈列（item presentation），品牌可以依照自身的定位及店铺风格的设定进行几种陈列的组合搭配。

**延伸阅读：奢侈品牌时尚展览**

不同时装品牌或奢侈品牌都会以自己独特的方式举办时尚展览，以展示品牌的个性和创新。有些时尚展览可能以品牌的历史和传统为主题，展示经典的设计和文化背景；有些则注重展示最新的时尚趋势和前沿设计，体现品牌的创新性和引领地位。奢侈品牌古驰（Gucci）在 2023 年联合艺术家艾斯·戴夫林（Es Devlin）在上海举办了"寰宇古驰"典藏展。该展览探索了一个世纪以来，古驰的经典元素及品牌精神如何衍生出最为经典的设计，也探究了这些定义时代的经典如何为品牌的创意图景带来取之不尽的灵感，并在不同时代赋予全新演绎。这次展览展现了古驰对创造力的始终坚持，进而映照和定义了时代精神。

图4.4　"寰宇古驰"典藏展：伊甸花园

亚历山大·麦昆（Alexander McQueen）"Roses"（玫瑰）展览，是一场不同于传统博物馆的展览，它是以玫瑰花为主题的小型成衣展。本次展览除了展示李·麦昆（Lee McQueen）2008年秋季系列和创意总监莎拉·伯顿（Sarah Burton）最新2020春夏系列主题成衣外，从部分手稿到面料小样的创作、再到设计过程也都一一被呈现。

图4.5　2019年亚历山大·麦昆在伦敦邦德街推出"Roses"展览

### 时尚博物馆

时尚博物馆就是以收藏、展示和研究服装历史和文化为主要内容的场所。如纽约大都会艺术博物馆的时装馆、英国维多利亚和阿尔伯特博物馆的时装设计馆，以及安特卫普时装博物馆，一直以大量历史服饰收藏，或以具有社会影响力的设计师为策展动机，举办不同主题展览。早期的博物馆服装展览普遍采用两种模式：一种关注历史脉络，另一种描述装饰美学，这是服装进入博物馆的传统的策展方法。直到1972年，戴安娜·弗里兰（Diana Vreeland）改变了策展模式，引入了当代时尚服饰和戏剧性效果，利用抽象人体模型、灯光照明、色彩背景等元素营造沉浸式观展体验，刺激观众的眼球，开启了博物馆时尚展览的新篇章。

进入21世纪，时尚博物馆的时尚文化传播功能被挖掘并得到重视，同时伴随着社会的发展和时尚文化的普及，博物馆时装展览呈现出的形式和内容更加多样化，其学术讨论也逐渐丰富起来。对于国内而言，中国的纺织服装类专业博物馆最早产生于 20 世纪 80 年代，随着中国政府对时尚产业和文化的重视，一些地方政府开始推动建立具有规模和影响力的时尚博物馆。

我国的纺织服装类博物馆的现状，可以分为以下三类营建主体：

（1）第一类是以国家、地方政府或国家所属的科研机构为主体。如中国国家博物馆、故宫博物院、南京博物馆等，它们的主要目的是传播和普及纺织与服装的科学知识和历史变迁。这些博物馆承担着保护和展示纺织服装文化遗产的责任，通过举办展览、教育活动、研究和出版等方式，向公众传达纺织服装的重要性和价值。位于杭州的中国丝绸博物馆（图 4.6）是国家一级博物馆，是中国最大的纺织服装类专业博物馆，也是全世界最大的丝绸专业博物馆。该博物馆成立于 1992 年，占地面积达 4 万多米 $^2$。

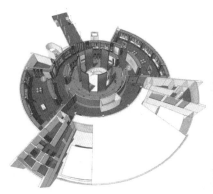 

图4.6　中国丝绸博物馆示意图　　　　图4.7　时装馆"绮丽时装"部分展览

其中的时装馆（图 4.7）现设基本陈列"更衣记：中国时装艺术展（1920s—2010s）"，以 20 世纪 20 年代起至今这近百年服装演变为脉络，展现了自那时以来文明新装的流行，旗袍的逐渐形成和成熟，西装与西式裙装的引入与中西搭配的穿着等。

（2）第二类是以纺织服装类中高等院校为主体。它们主要为专业教学服务，旨在提供学生学习、研究和实践的场所。这些博物馆通常与学校的专业教育紧密结合，展示和收藏与纺织服装相关的文物、样品和研究成果，充分体现了学术性和科普性的结合、纺织与服饰的融合、少数民族与汉族纺织服饰的综合等特点。上海纺织服饰博物馆位于上海市东华大学延安路校区，展馆面积达 6700 多米²，是国内唯一一个综合反映中国纺织服饰历史文化和科技知识的专业博物馆。展馆分为科普馆、古代馆、近代馆和少数民族馆四个分馆（图 4.8），一楼为科普馆，该馆以动静结合的展示形式，辅以高科技展示手段和互动展项，该馆展示纺织服饰领域的产业链及其特色环节，普及纺织和服饰科技文化知识。二楼为古代馆，陈列了我国古代各个时期纺织服饰的图片和实物，该馆展示了古代织物、纺织器具的发展以及历代服饰的演变过程。三楼为近代馆和少数民族馆，该馆主要展示了近代中国纺织服饰的实物以及图像资料，展品以中国传统服装为主，亦包括相关饰品，内容分为女装、男装和童装三部分，衣服的面料则基本涵盖了当时的织物种类，以反映近代纺织服饰由晚清至民国时期的演变过程；少数民族馆则通过实物场景、图片以及多媒体展示等方式，展现了少数民族的纺织工艺和服饰风貌。

（a）科普馆

（b）古代馆

（c）近代馆

（d）少数民族馆

图 4.8　上海纺织服装博物馆四个展馆

（3）第三类由纺织服装类企业建造。这些博物馆展示的内容通常与该企业的历史和产品相关，通过展示企业的发展历程、产品创新和技术成就，展示企业的实力和品牌形象，同时也向公众展示纺织服装行业的发展和变革。如上海美特斯邦威服饰博物馆、深圳艺之卉百年时尚博物馆。这些博物馆通过展示企业的发展历程、产品创新和技术成就，展示企业的实力和品牌形象，同时也向公众展示纺织服装行业的发展和变革。

艺之卉百年时尚博物馆（图4.9），是由艺之卉时尚集团联合武汉大学媒体发展研究中心于2005年筹建的，是深圳首家由民营企业创办的以服装纺织为主题的博物馆，同时也是中国首家以时尚为主题的博物馆。该博物馆的主题内容是展示中国近百年服饰文化和人们生活方式的演变，通过收藏具有时代印记的实物、照片、影音资料来反映时尚的变迁与创新，揭示时尚发展的规律。

（a）清代服饰展区　　　　　　　　　　（b）民族服饰展区

（c）民国服饰展区　　　　　　　　　　（d）现代服饰展区

图4.9　艺之卉百年时尚博物馆四大展区

该博物馆的建立实现了企业家与著名学者联手共同研究历史，对传统服装行业的产业升级做出了科学的展望，全面提升深圳及中国服装品牌在国际的影响力和号召力，最终占据一定的时尚话语权，对于深圳品牌乃至中国服装品牌而言，该博物馆都具有非凡的意义。

## 4.5　传播渠道的整合

综合本章节列举的几大沟通渠道，可见营销传播的方式在不断地更新迭代，新型营销渠道的出现也在取代一部分传统营销。各渠道间既存在彼此博弈也同时相互成全，从而衍生出丰富多样的营销业态。

对于服装这一特别的产业而言，软性、感性化的品牌形象与产品设计使得营销沟通与互动的重要性得以凸显，也因而生成了许多特有的沟通渠道。作为与人亲密接触的时尚产品，服装除功能性以外的品牌符号、情绪表达、个性化展示都与品牌各方面的沟通与营造息息相关。在整合营销过程中，面对纷杂的平台、渠道、触点，品牌应依据自身品牌调性与产品风格，合理搭配合适的营销渠道，做到广泛触达且凝而不散，有效利用整合化思维，增强品牌力与传播力。

罗意威（LOEWE）品牌在中国的本土化营销活动充分体现了该品牌对于中国市场渠道的把握和品牌自身的营销整合。作为一个奢侈皮具品牌，它始终秉持着对于工艺的尊重，找寻到中国本土"手工艺"这一与品牌价值相啮合的连接点后，品牌在营销传播中，以品牌格调为核心，选用了多个传播方式进行品牌宣传。在品牌故事的打造中，罗意威通过纪录片这一广为文化爱好者所接受的方式分别讲述了亲情、传承的故事，并在春节的热闹节点与观众取得情感联结。2021年，罗意威在上海廿一当代艺术博览会举办展览向单色釉陶瓷手工艺文化致敬，并捐款资助了国内唯一一所以陶瓷研究为特色的大学——景德镇陶瓷大学，作为活动精神的延续。拍摄纪录片、走访各地手艺世家、举办博物馆展览、赞助学校研究看似广泛涉猎各领域，实则步步都表达了品牌在"工艺"追求上的毅力与匠心，体现了品牌整合营销的思维。营销沟通的渠道有很多，随着科技的进步未来也将会更加丰富多样，整合的力量让品牌得以不在遍存机遇的洪流中迷失，保有不变的内核，深化品牌的特色。

# 第五章　传播的内容与创意

　　在注意力稀缺的时代，想要仅仅通过提高曝光的频次来提升传播的影响未必是最佳策略，如何提高内容的竞争力是营销传播永恒的课题。科技的发展为内容创意的产出提供了多样化的平台，甚至渠道本身也可以成为创意的形式。在创意可能性富足的当下，如何开发一个"大创意"，让其为品牌带来增值是营销传播的关键。本章将结合与内容和创意相关的理论与实践案例，对服装企业可应用的内容创意形式、工具和策略等方面的问题进行介绍。

## 5.1　内容与创意

在营销传播中，内容与创意是不可分割的。内容是指相对于传播载体而言的传播中的信息部分。内容的目的是创作和传播多种形式的教育性的和引人注目的内容，以吸引和留住客户。内容的构想需以某一事物为导向，可以是产品、品牌，甚至是理念。创意的目的是创造性地将内容通过具体形式加以呈现，使得内容构想从概念转变为现实。创意应服务于内容的表达，而不是为了创意而创意。在整合营销的思维框架下，当我们想要策划一个创意性质的内容时，需尽量让这个创意囊括所有可能的传播环节，使之成为一个整体。

### 5.1.1　传播的内容

"内容"一词始于出版界，最初是指报纸、杂志以及电视和广播媒体当中可以吸引读者的文字、图片以及动画。在出版界中，不论怎样形式的内容都必须足够有趣才能够吸引目标受众。内容是指媒体提供的信息，它可以是功能性的，也可以是享乐性的。对于品牌而言，内容是讲述品牌故事的关键要素，恰当的内容和呈现方式能够让品牌挖掘潜藏的顾客群，并能够深入顾客的心中，形成认知和意识。

营销传播的显著特点是对于内容的关注主动权始终掌握在消费者手中。与非商业性质的传播内容不同，当内容被挂上品牌的标签后，消费者的感知将受到品牌认知的影响。大多数消费者不会主动寻找品牌内容,对于内容的关注程度也受制于品牌偏好。从二次传播的角度而言,面对涵盖品牌信息的内容与纯粹的内容,消费者的积极性也不同。因而营销传播内容的渗透不仅需要内容出现在消费者容易关注到的地方,也需要内容以富有创意的形式来吸引受众的注意。

### 5.1.2 内容的创意

营销传播的创意策略涉及内容设计和执行,包括增加可以在目标受众中产生期望效果可能性的设计概念。创意策略直接影响内容的传播结果,好的创意策略可以提高受众的动机和处理广告信息的能力,并且可以通过强调品牌的特点,将品牌与同类型品牌区分开来。好的创意需能够大程度激发受众对品牌的感知效果,任何与品牌、品牌目标关联性不强的创意都不能成为一个好的创意。

20世纪中期以后,伴随着产业升级和市场变化,企业竞争的核心要素从硬性的自然资源、金融资本逐渐过渡到依靠智力资本、文化资本、技术资本和知识资本。创意设计在社会经济活动中的作用和属性决定了它势必与管理走向结合。创意的生成需要经历创意准备、目标形成、创意构思,才到最后的创意落地。虽然在最为核心的创意构思阶段,灵感发散和思维酝酿存在着不可预知性,但准备阶段的市场调研、竞品分析、阶段性评估以及创意目标的引领均可以通过管理的介入提高效率。

### 5.1.3 创意的形式

在整合营销的思想里,营销传播不局限于单一时间、空间和媒介,这拓宽了创意的形式和可能。虽然广告历来是品牌与消费者沟通的重要手段,但营销传播的创意绝不仅指广告创意。在整合营销的框架下,一切可以呈现的消费者触点均可以成为创意的一部分。服装品牌的营销创意除了需涵盖各类营销触点,也应该关注产品的创意,使得品牌的产品、广告、店铺及其他各类终端都成为品牌形象塑造的工具。具体而言,有感官感知覆盖下的空间实体创意,也有信息感知为主的网络虚拟创意。视觉创意不单体现在广告当中,网络平台的发展促使媒介组合、VR穿戴设备让虚拟现实成为可能、场景的开发与探索突破了次元壁垒。以下将以几个案例展现服装行业丰富的创意空间和可能。

**店铺空间的创意**

服装品牌具有视觉符号的表达需求，视觉营销与品牌调性息息相关。店铺陈列（visual merchandising）是展示品牌调性的重要渠道。一个店面的陈列装潢风格，既是品牌形象的映射，又是品牌打造差异化特征的方式。对于整个店铺而言，其视觉创意至少可以包括视觉演示陈列（visual presentation）、销售要点陈列（point of sale presentation）、单品陈列（item presentation）三方面。品牌需要依据消费者进店的观看习惯与店铺结构合理安排陈列内容。

坐落于中国成都的"SoWhat"品牌店铺是汇集了全球知名设计师品牌与自主品牌产品的买手集合店，超 300 米$^2$ 的店铺空间经创意陈列设计后，力求呈现设计性和艺术性的品牌内核，如图 5.1 所示。留白和多形式艺术品的高占比是店铺的陈列特点，营造独属于品牌本身的风格氛围。店铺中的视觉演示陈列作为产品与装置展示的一个个小舞台，引导着不同片区的风格感知；而要点陈列则将本季主推

图5.1 "SoWhat"店铺陈列

产品放置于醒目的位置，吸引消费者的目光；单品陈列以侧挂、叠装等形式表现，因商品多样，单品陈列亦讲求各单品间陈设的故事性。店铺整体氛围为消费者与产品提供了特别的"场"，品牌借此为消费者与产品的沟通建筑起隐形的桥梁，将产品供给和顾客需求之间纯粹单一的物质关系进行了丰富和柔化，以实现品牌的清晰诉说和消费者的沉浸式体验。

　　橱窗陈列作为店铺空间的一部分也是品牌视觉呈现的重要触点，与商业化的产品展示相比，橱窗艺术的精妙创意可以最先抓住消费者的注意力，直观地树立品牌形象，为不熟知品牌的受众营造初印象，吸引消费者进一步走入店铺中一探究竟。爱马仕（Hermès）是一个制作马具起家，迄今已有180多年历史的奢侈品牌。店铺视觉陈列作为爱马仕向消费者分享品牌理念、传达品牌价值的重要视觉触点，逐渐成为其品牌文化的一部分。2020年4月，爱马仕邀请了法国艺术家列思·哈马杜切（Lyes Hammadouche）为上海爱马仕之家打造了春季橱窗"卅机关"系列，如图5.2所示。在男性世界橱窗部分，我们看到爱马仕的商品在齿轮之间连接，机械装置象征着文明的机关。爱马仕的橱窗力求做到：见陈列，识品牌，橱窗的创意随当季服装风格而变，为顾客提供沉浸式的品牌体验。新鲜的创意产出使顾客始终保有对品牌的期待。

图5.2　爱马仕橱窗陈列

**产品的创意**

产品的创意是服装等时尚类商品有别于其他品类的地方。除了必要的实用性价值外，服装商品能够为用户带来感知层面的价值，为品牌拓展出更大的创意空间。服装的外显性特点使得产品可以从形、意两方面发挥创意灵感。品牌需要在维系自身风格的同时不断进行文化的革新，以让自己的产品既能迎合流行趋势，又能凸显品牌特色、吸引消费者、强化品牌记忆点。服装产品的款式属性中，廓形、面料、色彩等都是可以进行创意开发的方面。乌克兰概念女装品牌达胡斯（DAHUS）以建筑模块之间的转换和交互作用作为设计创意的灵感来源，设计师通过对环境中复杂结构的洞察与理解，创造出全新的创意剪裁，在服装廓形、结构和面料中进行创意的发散。品牌的概念产品如图 5.3 所示。

图5.3　女装品牌达胡斯的创意产品

产品是品牌特色的视觉呈现，提起三宅一生（ISSEY MIYAKE），我们会联想到品牌别具一格的褶皱面料；谈论不对称美学，Y 计划（Y/Project）品牌标志性的解构风格产品又会跃至眼前。产品的视觉创意也可以不拘泥于自身，跨界联名作为一个品牌创新的特别途径，常被大小品牌用以辅助创意联想及产品开发，其最直接的表现形式就是产品的视觉设计。跨界，指结合两个或两个以上专业或行业创造知识、产品、工艺或服务，涉及知识内容的迁移或融合。跨界创意的巧用为品牌扩圈，提升产品趣味和品牌内涵，以此增加消费者的忠诚度。

蕉内在产品的跨界联名方面具备独特性和典型性，作为一个新内衣品牌，在品牌联名中并未依照定式思维选择同领域的品牌，而是推出了至少 10 个跨界联名。2020 年的品牌联名活动尤其多样，其中，与太二酸菜鱼的联名可谓赚足了眼球。如图 5.4 所示，在袜子产品的设计中，融合了很多"太二酸菜鱼"的品牌元素和风格，加之对于两者的感官联想中，也存在着富有幽默属性的关联特征，品牌联名就更为创意风趣了。

图5.4　蕉内与太二酸菜鱼联名产品

同年，蕉内还与欢乐斗地主联名，推出牛年新品：全民快乐吽联名袜子礼盒。联名每日优鲜，还原二十世纪八九十年代的游戏画面的像素风，并推出清新海风·海鱼及夏日粉红·蜜桃两款礼盒……联名手段可能不新鲜，但是瞄中的是背后对它们有着兴趣、产生共鸣的人们，跨界也可以跨出创意，打造只有你想不到，没有品牌想不到的创意脑洞。蕉内在联名上不局限于一个惯常的时尚联名品类，而是通过创意奇想打造品牌形象，核心还是掌握在品牌自身。

**广告的创意**

广告的创意内容非常丰富，可以分为视觉创意和文案创意两方面。时尚品牌的视觉广告创意多通过别样的呈现方式，表现出品牌产品视觉以外的内容。

日本时尚品牌三宅一生擅用的褶皱艺术已然成为时尚界老生常谈的面料创意，就是这样褶皱效果的一块布，在另一位设计师的创意思维下，从单一的视觉观感变为丰富有形的艺术展示。在佐藤卓（Taku Satoh）为三宅一生副品牌三宅褶皱（PLEATS PLEASE）设计的品牌海报中，他巧将面料与其他物品结合，其中一个系列是三宅一生经典褶皱样的巧克力酱、奶油、冰淇淋，面料的褶皱、光泽和食物的色泽相得益彰，面料也同样在场景的加持下，显得轻盈、丝滑、绵密……如图5.5所示。

**图5.5　佐藤卓为三宅一生褶皱面料设计的海报**

除了与食物的融合，设计师也大胆地将面料与动物、植物、森林相结合，碰撞出了更为多元的视觉效果，变幻出新奇丰富的创意。服装因其时尚的特性，创意的边界不应死板固化。为达广告引人注目且与产品特性紧密关联的目的，创意思考有时可以不拘泥于对于产品本身的展示，关联、通感、组合等形式均能使得视觉效果赢得关注与欣赏。

**虚拟时尚**

随着"元宇宙"逐渐在移动互联网时代发展成熟，许多零售品牌开始投入虚拟时尚的研发中来。虚拟时尚作为一个新概念，更多地是在思想观念上突破原先人们对于时尚的思维定式，通过别样的视觉呈现形式为受众带来突破次元的品牌感知。品牌探索"元宇宙"主要有以下几种途径：①通过虚拟技术应用，增加销售路径；②推出自主虚拟形象IP；③借助虚拟偶像流量，增强品牌传播；④借助游戏平台，推出数字服装。品牌在虚拟世界中能够获得真实的增长，如虚拟试穿技术提升客户便捷性购物体验，从而进一步促进销售等，虚拟的引入无疑是品牌视觉创新的手段之一。

　　古驰作为第一个尝试虚拟技术的奢侈品牌，曾在官方应用程序中推出过一项运用增强现实技术（AR）虚拟试穿品牌经典系列运动鞋的功能。为了统一线上品牌的风格，古驰App为此项目专门设计了专属表情包和壁纸，可供用户自由选择装饰，发挥创意。古驰在之后还推出了"品牌＋社交平台"的创新模式，与社交应用软件色拉布（Snapchat）合作发布了新款滤镜（图5.6），用户在试穿虚拟运动鞋的同时辅之以品牌滤镜，能够更"沉浸式"地体验品牌氛围，品牌不仅抢占了虚拟领域的先机，且并没有因为途径的创新而丢失了品牌本身。技术可以普及，但品牌本身是独有的，古驰将虚拟流行做成了"古驰的时尚"而非"时尚的古驰"。

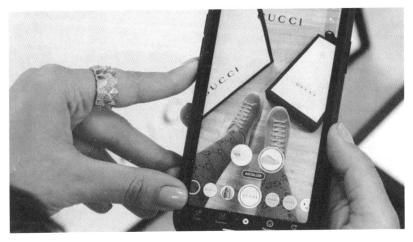

图5.6　古驰联手色拉布合作发布品牌产品滤镜

　　时尚品牌的创意手段多种多样，除了视觉陈列上的创意，品牌产品、品牌营销、渠道创设等环节都可以进行创意的联想与实现。创意不是凭空捏造的，创意人员在提供一个创意思维时也要仔细详读创意简报，深入了解品牌，明晰目标市场的群体，必要时也要收集足够的调研数据，再进行创意的设计。前文列举的几类时尚品牌创意手段中，每一个品牌在创新的同时都不忘反复刻画品牌自身，将创意的主旨放在品牌的建设上。整合营销传播要求充分认识用来制定综合计划时所使用的各种带来附加值的传播手段，结合各环节使营销活动具有良好的连贯性，传播影响力才会最大化发挥效用。

## 5.2　创意的整合

　　从以上案例可以看出，服装品牌营销创意的形式丰富且多元。创意需要具备一定的发散性和创新度，但品牌的创意并非单纯艺术创作的呈现，创意的宗旨既然是要为品牌服务，那么创意的归拢和整合思维就应贯穿于创意生成的始终。营销的各个环节可应用的工具也很多，而整合就是将所有独立的营销综合成为一个整体，以产生协同效应。营销的工作包括很多独立且相互关联的任务，如广告、包装、直接营销、促销、赞助等。创意整合的目标是使这些任务中的创意的决策和执行系统化地推进，使创意的结果能协同一致地服务于强化品牌的形象、调性和价值主张等品牌资产要素。

　　既然所有营销活动的终极目的均是说服消费者，那么消费者与品牌互动的过程就成为创意整合的关键。整合营销目标就是使消费者在与品牌互动过程中产生一致性的品牌体验。营销行业的发展使得消费者与品牌的互动越来越可以被测量和管理，这使得对触点的创意进行整合变得可行。

---

**延伸阅读：劲霸男装视觉营销的整合**

　　劲霸男装品牌的视觉营销理念体现于图 5.7 所示的模型。这个模型体现了时间和空间两个维度的整合。时间维度由横轴表示，代表了消费者与品牌互动的过程，即从注意到品牌，到被品牌的某些触点打动，产生兴趣，进而深入了解品牌，最后转化为产品购买行为的过程。品牌触点则由店外逐渐延伸至店内。空间维度由纵轴表示，坐标轴上端代表了消费者的线上体验，坐标轴的下端代表了消费者的线下体验。基于这个模型，劲霸品牌可以围绕产品上市和营销活动，对所有品牌触点进行系统规划。

---

作为一个经典的本土品牌，劲霸力图汲取中国传统文化的精神，将审美的精髓融入品牌的方方面面。品牌以时代美学与人文关怀为风格定位，其目标消费群体为注重职场形象的男性群体。品牌的视觉将围绕商务风、人文自然、中国精神文化、中式风格展开。劲霸品牌非常注重人与自然的融汇和天人合一的平衡，在营销中以此概念为创意的主线进行多触点整合。线上店铺视觉布局来看，品牌主打人物与自然的视觉呈现：店铺主页海报，如图5.7左上所示，主打商务风格的服装展示，人物背景环境为户外自然风景，服装产品的设计灵感中也会融入自然元素；店铺内海报、栏目风格亦统一为自然界中的绿色、大地色系，多以自然实景作为背景图，如图5.7右上所示。

线下实体店布置也有讲究，既有潜在的人本设计（店铺内陈列远离外围橱窗三步距离，"以退为进"的理念让顾客更好地从外环境进入店铺内），也有明显的环境设计（在消费者能够触及的视野范围内布置了绿植等自然装置，借助自然布景的视觉呈现营造艺术氛围，如图5.7左下所示，店铺敞亮，自然亲和）。店内陈列亦能通过借景平衡阴（有陈列服装的空间）阳（无陈列服装的空间），如图5.7右下所示，避免产品的摆放在视觉上显得冗余。

在视觉上，劲霸品牌做到了多触点整合，品牌形象通过不同方式的创意协同在消费者心目中得以塑造起来。劲霸品牌的"四象限"模型使得整个营销行为都以消费者为导向，使品牌与消费者互动的每一环节都具有针对性引导，带领消费者逐步成为忠实顾客。从互动的环节来看，消费者最初可能会通过品牌广告"记住这个男人"、线上线下的店外环境对品牌产生认知。而后如果被产生初步认知的触点打动，则会产生进一步的互动行为，比如：消费者被店外艺术感十足的植物装置吸引，想要进到店铺内做进一步的了解；也可能是在线上旗舰店外看到了品牌的海报，觉得模特在户外的穿着效果很不错，商务出行时或许需要一件，想要点进店铺内看看有关于产品的详细信息等。被打动后，消费者自发地产生了主动的互动欲，想要就好奇点或未知处进行一些"询问"，即浏览更为详细的信息或走入线下店铺触摸产品，在服装店铺中体味回归自然的感觉。再下一步，预期的互动与沟通将会落地在一些消费行为上，这时消费者可能会注意到一些有关于产品价格或折扣促销等的信息。最后，当消费行为被履行后，消费者本身拥有了品牌的相关产品，记忆中也留存下逛店体验与品牌印象，从而成为品牌宣传的一员，也即品牌的倡导者。

不论是从时间和空间的物理视角还是从品牌与消费者互动的沟通视角，创意触点的整合使得品牌的主张深入人心，串联起产品理念与消费者的观念感知，创意主心不偏移，品牌定位清晰明了。

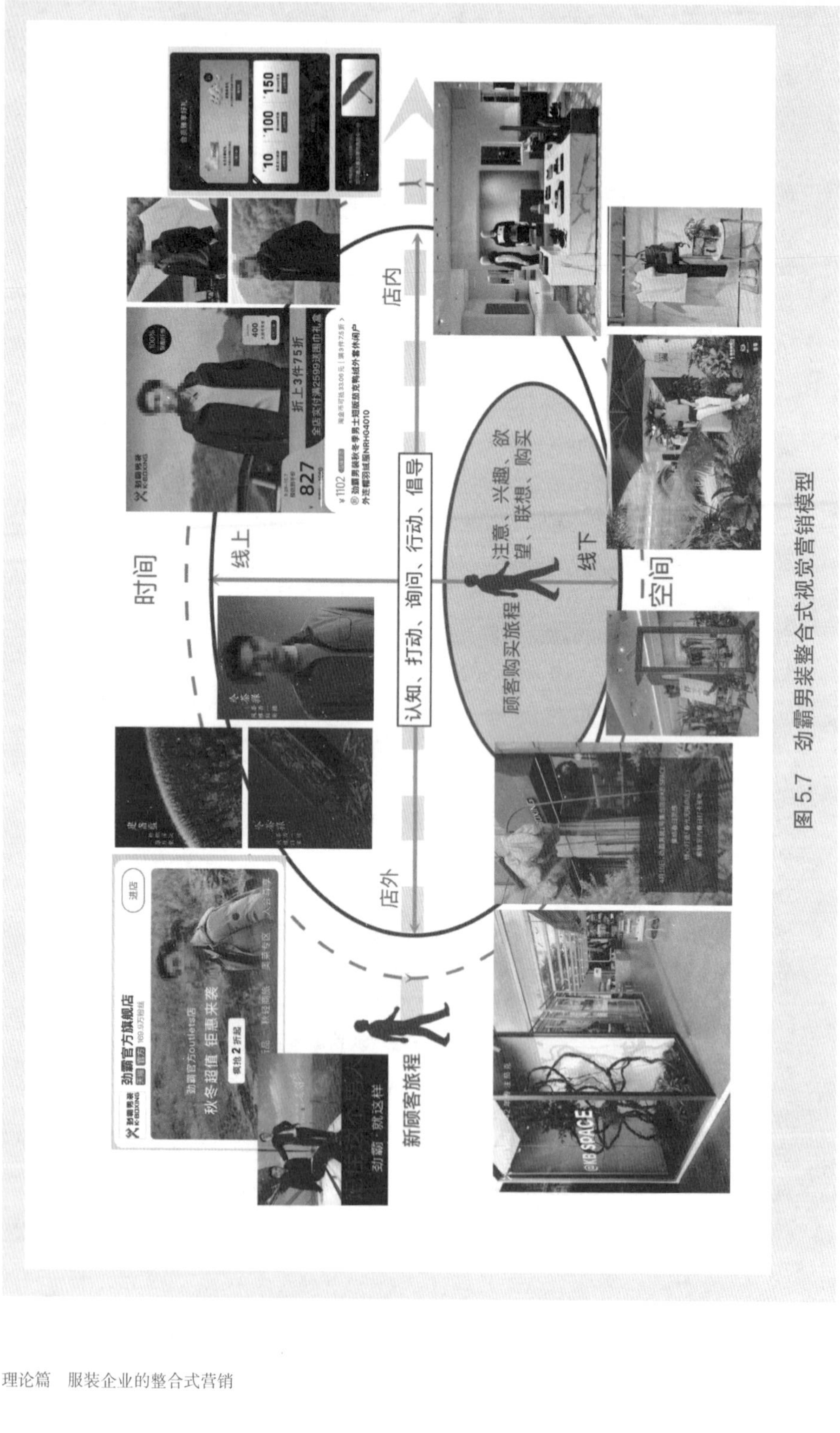

图 5.7 劲霸男装整合式视觉营销模型

创意整合的一个十分重要的思想是大创意（big idea）。大创意是指营销活动中具有统领性质的一个大胆的、创造性的想法或倡议。提出这一概念的是广告创意公司奥美公司（Ogilvy）的创始人大卫·奥格威（David Ogilvy）。他对大创意的表述是：它建立在战略之上，以一种新鲜的、关联性的方式将产品利益与消费者的愿望结合起来，将创意广告带进生活中，并让观众驻足、观看和倾听。他将大创意推至战略性的高度，并表示："除非广告源自一个大创意，否则它将如夜晚航行的船只无人知晓。"

依照大创意的理念，奥格威撰写了很多经典的广告创意。其中为劳斯莱斯汽车的报纸广告创作的标题常被认为是划时代的佳作之一："在时速达到60英里（约100千米/小时）时，新款劳斯莱斯轿车车内的最大噪音来自电子钟表。"这一创意体现了对微小细节的洞察，从细微之处放大了产品的特点，吸引受众的注意。

大创意的理念不仅被主流广告公司所广泛接受，也成为营销从业者在制定营销传播策略时十分倚重的方法。营销策划者可以统筹各种营销手段，围绕一个大创意不断重复，层层展开，给受众留下深刻的印象。

### 延伸阅读：劲霸男装——"记住这个男人"

劲霸男装作为以文化为内核的品牌，意图将中国人秉承的奋斗精神汇入品牌的叙述中。在2008年，劲霸第一则广告"混不好我就不回来了"通过电视媒体在北京奥运期间进行了广泛传播。这句话让许多目光聚焦在这个品牌上。后续几年中持续有消费者一直来追问："这个男人回来了没有？"可见当年的一句话让消费者一直记得那个出去闯的"男人"。

11年后的2019年，劲霸再次用一则广告"记住这个男人"回应了消费者的期许。该广告以用户群像的方式将几位在各自领域取得了自我实现的普通人物拉入公众的视野，突出了他们敢想敢拼的形象。这个创意将品牌推向另一个维度：它代表的不仅仅是一件夹克，更是奋斗精神的象征。由此创意产生的情感共鸣为品牌注入了更丰富的意义。

## 5.3　创意的结构

好的传播创意离不开创作者的灵感，很难通过一个公式推导出来。但传播学理论中的一些方法能帮助营销者进行创意的开发。一个被广泛使用的方法是 **MECCAS**（means-end conceptualization of advertising strategy）模型。该模型描述了一个完备的创意应具备的结构。

MECCAS 模型的基本假设是消费者购买产品是因为产品能够为其带来效用或利益，而产品的属性是实现这些利益的"手段"。并且如果产品带来的效用和利益能体现消费者的个人价值，则能和消费者产生牢固的连接。基于 MECCAS 模型的创意应包括产品属性（attributes）、消费者利益（benefits）、个人价值（personal values）和创意杠杆点（leverage point）等几个要素。这个模型如图 5.8 所示。

图5.8　MECCAS模型

产品属性指的是创意中所沟通的具体产品和服务的属性。消费者利益指的是消费者从产品属性中可获得的主要积极结果。如舒适、方便、耐用等功能性价值，美观、时尚、有趣等体验性价值，品位、个性、地位等象征性价值。个人价值则是消费者的价值观念，是精神需求的实现，如成就、自由、独立、幸福、快乐等。产品属性、消费者利益、个人价值应该形成环环相扣、逻辑自洽的整体。

创意杠杆点是将产品向消费者提供的利益与个人价值进行连接的事物、方式或切入点。只有将产品的属性和利益与消费者的个人价值连接起来，才能打动人心，产生发自内心的品牌或产品认同。因此，杠杆点是创意中真正体现"创意"的部分。杠杆点可以是目标受众的痛点、竞争对手的弱点、市场趋势、社会思潮等任何事物。比如，与可持续性理念、女性主义、文化认同等有关的事件、人物、事物常成为营销传播中的杠杆点。前文所述的劲霸品牌通过品牌用户群像这一创意杠杆点，将品牌的商务男装属性与奋斗精神联系起来，引起了消费者的共鸣，丰富了品牌的形象。

MECCAS 模型说明一个有说服力的传播创意应该是一个立体的故事，需要在产品属性、消费者利益和个人价值等各个层次提供逻辑连贯、令人信服的信息，创意的作用在于用巧妙而简洁的方式，将这些信息有机地组合成一个整体。MECCAS 模型本身也体现了整合的思维，即营销传播需在各环节联合作用下方能达到事半功倍的效果。

**延伸阅读：内外品牌的"no body is nobody"**

2020 年是内衣品牌内外创立 8 周年，同时也是品牌开启"no body is nobody"项目的一年。作为伴随女性群体成长的内衣品牌，内外潜心发掘各样女性身体美、心灵美，并以"no body is nobody"这一标语阐明品牌对于美的理解（图 5.9）。

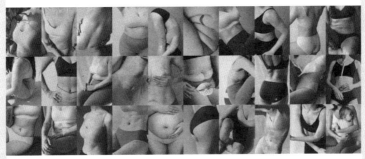

图 5.9　内外品牌项目标语：no body is nobody

内外品牌产品瞄准了现代女性痛点和需求，打造舒适的无钢圈内衣。无钢圈是产品的属性，舒适自在是产品带给消费者的利益。在女性主义话题日益显著的背景下，这则创意抓住了女性身体审美和自我认同这一杠杆点，撬动了产品与消费者个人价值的关联。"no body is nobody"这句标语简明扼要地表达了品牌关于自我认同的态度，成为品牌深刻的记忆点。

## 5.4　创意诉求

　　创意的目的是引起消费者的注意，激发消费者对于某个产品或品牌的积极态度。在传播学中，吸引消费者注意的手段被称为"诉求"（appeal）。诉求大致上可以分为理性诉求和感性诉求两类。

　　**理性诉求**（rational appeal）往往对于专业用品或面向理性购买的情景较为有效。基于理性诉求的创意常基于产品属性，对标用户的切实需求。户外品牌始祖鸟（Arc'Teryx）在传播的视觉创意上十分注重显示品牌的专业度，其内容设定的场合多为极端天气、户外探险等环境，力求直观地表达品牌产品的功能性。理性诉求多以事实说话，要求客观公正，不必过于修饰加工，让消费者从事实的逻辑关系中做出自己的判断。

　　**感性诉求**（emotional appeal）通过引起消费者某一情绪上的共鸣，使目标消费者的主观态度向有利于营销者的方向转变。一般而言感性诉求可以分为积极诉求和消极诉求两类。前者强调从产品或服务中所获得的积极愉快的情绪体验。后者借助受众的不安和担忧来引发消费者对一些事物的关注。如可持续服装品牌强调时尚行业的污染浪费、护肤品品牌强调爱美人士的皮肤问题等，这些都能激起受众的担忧或恐惧。人们的生活中有许多话题容易引起人们的情感反应，如女性主义、亲情等，这些话题是感性诉求创意中常使用的内容。

---

**延伸阅读：珀莱雅的情感营销**

　　珀莱雅品牌于 2021 年后多次通过宣扬女性主义价值观念获得消费者的认可。复盘品牌 2021—2022 年的主要营销活动，不难发现品牌对于重要时间节点和人们情感的把控非常精准：元旦以成长为主题，开设"毕业第一年"地铁站插画展；三八妇女节以性别为主题，提出性别不是边界线，偏见才是；"5.20"的"致爱里的勇敢者"视频广告；母亲节举行了"仅妈妈可见"特别策划；世界精神卫生日则开创"回升计划"，关注精神健康。

　　以 2022 年母亲节为例，在众多品牌都在歌颂母爱伟大的时候，珀莱雅则将情感表现的重心放在了家庭内的性别分工上。"家庭责任不是仅妈妈可见，每一份爱都应该在场。"在性别研究中，社会性别规范和性别角色分工是两个基础且重要的课题，珀莱雅将话题在合适的时间放大。不仅是作为母亲的女性群体能够共情，作为孩子、父亲、母亲的母亲都能够有所触动，情感营销的触手遍及各类人群。品牌情感营销的成功之处在于，有效利用人与人的情感联结，从不同的立场发掘潜在的精神价值。

时尚产品和人们的日常生活息息相关，是各种生活场景的组成部分，寄托了人们的各种情感。因而时尚产品的传播体现了丰富的创意诉求。表 5.1 列举了时尚品牌广告中常见的感性诉求。

表 5.1　时尚品牌广告中常见的感性诉求

| 诉求 | 含　义 | 案例 |
|---|---|---|
| 性 | 通过对"性"的暗示或明示，刺激观众的联想，促进购买行为 | 内衣、香水 |
| 恐惧 | 通过强调不确定性和负面结果，使受众感到不安，从而说服人们接受某种产品或采取某种行为 | 护肤、美容 |
| 稀缺 | 通过突出商品的稀缺性，采用时间压迫的手段，促使顾客产生冲动性购买行为 | 限量产品、限时促销 |
| 幽默 | 通过自嘲和幽默的方式吸引观众的注意，使消费者产生亲切感 | 男性用品 |

**性**

香奈儿 5 号香水的经典的广告语来自玛丽莲·梦露回答记者采访时的一句话："我只穿香奈儿 5 号入睡。"这则广告语通过暗示玛丽莲的裸体，引起了人们无数遐想，将香水与性感关联起来。除了相对含蓄的性暗示，一些时尚品牌的广告也常出现较为明显的性表达，如显示裸体（nudity）或半裸（partial nudity）状态的裸体模特内容。

内衣品牌经常会运用性诉求唤起消费者的兴趣。维多利亚的秘密这一内衣品牌的营销传播就多与性感挂钩，利用性诉求挑起人们渴求美、性感的欲望。性诉求能激发人类的本能欲望，是一个十分高效的吸引受众的手段。大卫·奥格威认为广告中的 3B 元素（beauty，beast，baby）能使广告获得更好的传播效果。其中 beauty（美女）指的就是性诉求。

**恐惧**

恐惧诉求是通过渲染或放大一些问题，令消费者急于找到解决的方法，由此再推出克服问题的产品，以促进产品的售卖。化妆品和护肤品为达到宣传产品的目的，会有意强调衰老、皱纹、瑕疵等使消费者感到不安的问题，然后通过声称自己的产品可以解决这些烦恼来促进品牌的销售。养护类产品也常常会用到恐惧诉求，例如，在对功能性的营销宣传中，强调品牌产品的功能性以及能够解决的显隐性问题。其他各类品牌也可从一个问题入手，合理利用恐惧诉求刺激消费者。

**稀缺**

不论美妆、时尚还是美食、家具，甚至于日常生活中的快消品，在品牌的直播间中，经常会有很多限时限量的促销活动，而主播正是利用观众对稀有物品更高的追崇将销量短时带向巅峰，几秒售空已是直播间抢货的常态。粉丝量高的主播通过淘宝直播平台能将大批货品卖至售罄，其中的价格手段配合饥饿营销戳中了数以万计的消费者，让他们激情下单。其中，对稀缺诉求的把握无疑助力其中。稀缺往往由于需求过量或供应有限导致，两者产生的稀缺效应也不同。货款限量既传递了独特的产品特性，直播间的口碑与流行性又加码了屏幕另一端的消费需求。

稀缺诉求常对应冲动性购买，因此较为适用于想要从认知端增加新消费者的品牌。比如一些新品牌刚入市场，不易通过大举投资营销赚得第一波流量，因为品牌产品较难竞争过同类型的成熟品牌。想要通过产品说话，制造一定的稀缺性或能将产品推向市场。对于已经成熟的品牌，稀缺性诉求也不失为一种有效的促销手段，产品的稀缺性无形中增加了它的价值。例如：彪马（PUMA）的"FENTY PUMA by RIHANNA"，是由世界级巨星蕾哈娜设计的产品线。2016 年的 FOOT WEAR 运动鞋评选中，蕾哈娜被评为 2016 运动鞋女王，当年夏天的营业利润比上一年同期增长了 10%，让彪马一跃成为耐克、阿迪达斯（Adidas）的头号竞争对手。蕾哈娜的形象和明星效力契合于当时的品牌升值需求，加上产品限量销售的营销刺激，品牌因此成功掀起一波热潮。大量追捧造成市场供不应求，明星款的稀缺感又反过来使其时尚热度进一步攀升。

冲动购买也存在着弊端，线下购买相对而言要好一些，线上的购买环境存在着产品感知偏差，激情下单后的消费者会发现因稀缺感升高的价值感知与产品实际的使用价值并不符合，从而会导致大量退货的情况，对品牌 / 直播间造成不好的影响。

**幽默**

幽默诉求常见于许多男性用品。欧仕派（Old Spice）男士体香剂是一个充分发挥了幽默诉求的传播案例。2010 年欧仕派推出了广告 "你男人可以有的男人味"（The man your man could smell like），收到了较好的市场反应。自那之后幽默成为该品牌广告的惯常风格，也逐渐成了品牌个性标签。比如，该品牌与阿贝兹（Arby's) 餐厅的联名广告 "拒绝肉汗"（Don't sweat the meat sweats）（图 5.10）是这一风格的延续。

图5.10　欧仕派男士体香剂与阿贝兹餐厅的联名广告

幽默诉求是一种具有穿透力的诉求，可以增进受众对广告品牌的喜爱。具备幽默性的传播有时能很好地传达品牌的诚意。幽默诉求门槛不高但创作不易，能体现品牌的智慧。如果一条广告将观众逗乐，观众会感知到品牌的用心。品牌不妨通过一些幽默的创意来获得消费者的微笑，这也许远比一些花哨却功利的广告更能拉近与消费者的距离。

## 5.5　创意的运用

因人的情感、心理衍生而来的各类广告诉求使品牌可以找到与消费者沟通的突破口。诉求的种类很多，找到适合于品牌、适合于当前文化环境的诉求是决定创意成功的重点。不论是怎样的创意，在实际应用时也要小心处理传播与其内外部环境的关系。下文列出创意时需要注意的几个方面。

**与品牌的关联性**

广告服务于品牌产品，创意的选用需符合品牌调性，诉求是为了唤起消费者的感知，当关联性强时，诉求的效用便得以发挥。以性诉求为例，广告学者大卫·里斯曼（David Riseman）指出，性诉求广告只有和产品相匹配时，受众的注意力、记忆率才能同广告信息的强度成正比，反之，受众的注意力只会专注于性相关的内容，而无暇顾及产品。幽默诉求因较不易联想到品牌或产品，在创意过程中需谨慎运用。

**度的把控**

以上提到的诉求中，几乎都强调了程度的问题：在一定的社会环境中，性元素驾驭得好，可以从中获得利好，若驾驭不好，轻则不达预期效果，过则疑似色情低俗，引起非议；过分的恐惧诉求会引起消费者的不适感，降低品牌好感度，过低的恐惧诉求又难以起效，易被消费者忽视或屏蔽。因此"度"的把控至关重要，要顾及目标消费群体的接受程度以及整个社会环境允许的限度。诉求的强烈程度和说服效果不一定成正比，适度的消极情绪可以刺激消费者通过购买行为消除负面的情绪，说服效果较好，而强度高的恐惧则会使消费者愤怒或厌恶，从而无法实现广告说服的目的。

**地域和文化差异**

在不同国家和地域中，文化习俗、价值观念、包容程度等的不同都会使得品牌的同一个推广产生不一样的作用效果。以性诉求为例：西方广告中的性诉求常显得较为直接，而中国的广告对于性诉求的运用则更为含蓄内敛。因文化传统的不同，西方对于性话题的讨论相对公开，而在中国性话题讨论则较少在公共场合出现。在跨文化交流的当下，广告中的性诉求也渐渐被中国消费者接受。有意思的是，西方长期以来开放的性诉求广告使得其视觉冲击力逐渐弱化，消费者对于性刺激已然麻木，性诉求广告中的产品也不像过去那样畅销了。因而许多广告商正试图采用更微妙的性暗示引起消费者的联想。

不同地域的文化差异也使得人们对于不同诉求的感知存在差异。幽默诉求亦是一个需要具备地域敏感度的广告诉求，若是使用不慎，非但不能引起关注，还可能引发争端。

实践篇

服装整合营销传播的
策略与计划

# 第六章　传播的策略

在军事中策略指的是用智慧和巧妙的方法制定
出战争的计划和战术，以达到胜利的目的，营销传
播策略的含义与此类似。营销传播策略是为了实现
营销目标而采取的计划和行动方案。它包含两个要
素：目标与实现目标的路径，也就是"我要去哪"，
以及"我要怎么去"。本章的目的是讨论如何制定一
个营销传播策略，使营销传播活动具有明确的行动
方向。

## 6.1 传播策略的要素

营销传播策略是以"传播"为目的的策略。由于整合营销传播需要许多利益相关者的协同工作，策略的制定者有必要向他们明确地说明策略的内容和逻辑。一个完整的传播策略应该包括情况分析（situation analysis）、目标受众（target audience）、传播目标（communication objective）、消费者洞察（consumer insights）、大创意（big idea）和传播渠道（communication channels）等方面的内容。

### 情况分析

情况分析是指传播活动开展的背景、竞争态势、内外部条件、瓶颈问题等。情况分析是传播策略制定中最重要的环节，是制定合理策略的前提。情况分析应明确传播项目的目的，如开展传播项目的原因以及希望达成的结果，如为新产品的上市造势、提升品牌的消费者心智份额、推动重要时间节点的销量、树立企业社会责任形象等。品牌在一年之中可能有多波次的营销传播项目，他们应该共同服务于品牌的长期战略目标。但对于每个具体项目来说都应该有其相应的目的。

### 目标受众

目标受众是指传播的对象，是传播策略的一个核心问题。只有明确了传播对象才能思考如何与他们进行有效的沟通，达到营销传播的目的。目标受众一般是品牌的目标消费者，但也有可能是目标消费者中的部分群体，或更大范围的受众。

**传播目标**

传播目标是指传播项目希望对目标受众产生的影响，它可以是消费者的具体行为的变化，如尝试使用某个新产品，也可以是消费者心智上的改变，如了解品牌的信息或建立对品牌的认同。什么样的沟通才能被称之为有效的沟通，也是传播策略的一个重要问题，需要策略的制定者做出明智的选择。不合理的目标不仅会导致资源的浪费，还可能会产生负面的结果。

**消费者洞察**

消费者洞察是指对目标受众的研究和分析。消费者洞察的目的是帮助策略的制定者找到适合与目标受众沟通的方式。有价值的消费者洞察应发掘消费者面临的不易察觉的问题或痛点。这些问题或痛点可以为传播创意提供启发，使其能更好地将品牌的产品或服务与消费者的需要连接起来。

**大创意**

大创意是指传播项目的核心主题或形式。在整合营销的框架下，传播活动的所有渠道和环节都应围绕这个主题展开，才能产生协同效应。

**传播渠道**

传播策略还应包括传播渠道。在数字化媒体时代，消费者的媒体行为高度碎片化，这为传播策略增加了难度。品牌需要合理地选择渠道的组合才能有效触达消费者。此外传播的目标、竞争态势、品牌的调性等也对渠道选择提出了策略性的要求。

## 6.2　情况分析

情况分析的目的是帮助营销者了解市场与竞争环境，以及自身品牌在大环境中的位置，以确定竞争优势。更重要的是，通过情况分析，营销者要发现当前其面临的瓶颈或潜在问题，进而明确未来一段时间内，品牌营销策略需要达成的长期总目标。

SWOT 分析是一个应用广泛的情况分析的方法。SWOT 分析是指对品牌内部优势（strengths）与劣势（weaknesses）、外部环境机会（opportunities）与威胁

（threats）的四个维度的分析。优势是指品牌超越其竞争对手的能力，或者指品牌特有的能提高公司竞争力的东西。劣势是指品牌与竞争对手相比做得不好或没有做到的方面，从而使自己与竞争对手相比处于劣势。机会是指在品牌的竞争领域中有利于品牌发展的因素。威胁是指环境中对品牌的发展形成挑战的因素。这些因素可以是政策、经济、社会环境、技术壁垒、竞争对手等。

近期我们看到很多国际时尚奢侈品牌的跨界营销案例，比如，芬迪（Fendi）和喜茶的联名，普拉达（Prada）与菜市场的合作。它们不约而同地选择跨界营销这一手段与市场环境不无关系。在中国，奢侈品牌的消费人群有很强的年轻化趋势。有数据显示，2022 年中国奢侈品消费者中，"90 后"占比达到 41%，"00 后"占比达到 15%，而"80 后"占比仅为 28%，"70 后"占比仅为 11%。对于国际奢侈品牌来说，如何利用自身资源和优势与中国年轻消费者达成有效沟通是一个挑战。跨界营销正是近年来奢侈品牌的惯用策略；通过牵手国内新锐品牌并向年轻消费者打好感情牌，品牌能迅速拉近与他们的距离。

**品牌生命周期与传播策略**

营销策略的一个十分重要但容易忽视的背景是品牌所处的生命周期阶段。根据第三章对品牌生命周期的介绍，品牌可以划分为导入期、成长期、成熟期与衰退期四个阶段。在不同的生命周期阶段，品牌会面对不同的市场环境、竞争态势、内部资源和商业问题，这些条件是传播策略的出发点。

当品牌刚进入某一市场，处于**导入期**时，其商业问题是如何打开局面，尽快占领一定市场份额。在此背景下采取较为集中的传播策略，在某一细分领域，快速赢得一小部分消费者的青睐是一种合理的策略。这一策略要求品牌优先推动具有爆款潜力的产品，集中营销资源对其进行推广，争取"引爆"消费者的行为。近年来成为行业标杆的露露乐檬（Lululemon）品牌，在发展初期是通过较为小众的瑜伽裤产品，采用集中性的社群营销打开细分市场，此后再依靠细分市场撬动整个运动服饰领域。

当品牌在市场上被逐渐接受，进入**成长期**时，其商业问题则是如何维持已经取得的增长趋势。此时品牌已拥有小规模的消费群体和用户心智，一个合理的营销目标可能是通过产品力维护他们的品牌忠诚度，并推动口碑传播。成长期是品牌能否长期经营的关键时期。许多品牌在成长过程中可能会遇到瓶颈，导致增速放缓。这个瓶颈可能是由于对品牌有吸引力的群体已经接近饱和导致。此时品牌不应对原有目标市场再重复投入过多资源，而应通过产品创新和营销创新找到新的增长点，实现"破圈"。一种服装品牌常采用的破圈策略为品牌联名。比如，优衣库（Uniqlo）曾经与著名艺术家考斯（Kaws）合作推出联名系列，吸引了很多艺术爱好者和潮流人士的关注。

当品牌确立了市场地位，拥有了较为稳定的消费群体后，便进入了**成熟期**。此时品牌的商业问题是如何维持市场地位，防止竞争对手的冲击。在这个阶段，品牌的市场需求十分稳定，企业在生产和营销两端都达到了较高的效率，拥有较多可支配的资源。一个理性的策略是利用这些优势，加深护城河，防止竞争对手的挑战。由于品牌已经建立了较为牢固的消费者心智，营销传播的目标常常是稳固和强化这些心智，防止心智的下滑。在成熟期，品牌常通过多渠道的品牌露出，打造可信、可靠、受欢迎的领导者的形象，以稳定忠实顾客，增加顾客黏性。

在面对激烈的市场竞争和消费者需求变化的情况下，一些没能及时做出调整的品牌也可能处于**衰退期**。此时品牌面临的问题是如何进行品牌焕新，重新激活市场竞争力。品牌焕新的一个常见策略是"年轻化"，这对传播的内容和形式都提出了不同的要求。施华洛世奇（Swarovski）品牌近期在产品和营销上都体现了明显的年轻化特征。品牌通过与年轻艺人和设计师的合作，推出了一系列年轻化的产品和广告，如"Swarovski Remix"系列和"Swarovski Squad"系列等。品牌也通过社交媒体和数字化营销等方式与年轻消费者进行互动和沟通。体育品牌李宁曾一度陷入"品牌老化"的境地，最终靠着"国潮"产品线和营销传播实现了品牌焕新。

---

**延伸阅读：内容种草成为品牌触达消费者的重要方式**

"种草"是向消费者有效地推荐商品，并激发消费者产生购买欲望的过程。种草与硬广不同，它一般是以朋友的身份告诉消费者商品很好，以此说服消费者购买。种草更像是一种朋友之间的口口相传，能够更加自然和真实地向消费者介绍商品。由于种草的推荐来源于信任关系，其转化率通常会远高于硬广。

抖音、小红书等内容平台因其丰富多样的内容、精准的个性化推荐以及极强的互动性，成功吸引了用户大量的时间和精力。有报告表明，短视频已成为用户"杀"时间的利器，以人均单日 110 分钟的使用时长超越了即时通讯。由于内容平台上的用户市场极其庞大，内容平台种草已逐渐成为品牌主和电商平台触达消费者的关键渠道；并且内容平台在种草方面有天然的优势，品牌主可以将产品或品牌信息承载在内容上，在多个领域和场景下介入平台用户的日常生活之中，从而影响用户的消费决策。

品牌在内容平台上种草的常见方式是借助 KOL 效应。KOL（key opinion leader，关键意见领袖）是指在某个领域或社群中有一定影响力和人气的人，他们通常会在社交媒体或内容平台上分享自己的生活、经验、见解等内容，拥有一定数量的粉丝和关注者。根据 KOL 在平台上的粉丝数量以及粉丝黏性等，可以将 KOL 划分为不同的级别，比如超头部 KOL、头部 KOL、上腰部 KOL、下腰部 KOL 和尾部 KOL。在品牌种草的过程中，与 KOL 的合作可以帮助品牌更好地将自己的信息传递给目标受众，提高品牌的知名度和美誉度，从而达到种草的效果。具体来说，品牌可以通过以下几种方式与 KOL 合作：

产品评测：品牌可以将自己的产品提供给 KOL 进行评测和分享，让 KOL 在自己的社交媒体或内容平台上分享自己的使用体验、心得和感受。通过 KOL 的分享，品牌可以向更多的受众展示自己的产品特点和优势，从而增加产品的曝光度和销售转化率。

合作推广：品牌可以与 KOL 合作，共同推出一款限量版产品或者进行合作活动。通过与 KOL 的合作，品牌可以借助 KOL 的影响力和粉丝群体，将自己的品牌信息传递给更多的消费者，提高品牌的知名度和美誉度。

营销活动：品牌可以与 KOL 合作，一起策划和执行营销活动，如推出一项有趣的挑战、举办线上直播等。通过与 KOL 的合作，品牌可以吸引更多的关注和参与，提高自己的知名度和美誉度。

# 6.3　目标受众

目标受众（target audience）是品牌在进行品牌传播时的沟通对象。确定目标受众是品牌在制定营销沟通策略时非常重要的一个环节。无论品牌的传播目标是什么，它所传播的内容要先能够吸引受众的关注，然后在关注中刺激相关行为的发生。在品牌与受众的沟通过程中，只有当传播内容精准针对目标受众，满足目标受众调性和需求时，才能有效地实现品牌的传播目标。

选择合适的目标受众，制定针对性的营销传播主题和内容，可以助力品牌实现破圈，甚至形成病毒传播效应（viral effect）。明确目标受众也便于找到更精准的传播渠道。因此，品牌在制定具体的营销活动之前需要明确目标受众是谁，再以此为基础展开营销创意。

目标受众可以是品牌的支持者，也可以是品牌的使用者。具体选择谁为目标受众，这与产品或服务的特性、购买情境以及品牌的营销战略目标息息有关。**品牌支持者**分为两类：一类是对购买决策产生影响的人，他们不一定是品牌产品或服务所定位的人群，但在购买决策中扮演重要的角色。例如，对于婴幼儿服装品牌，其沟通的目标受众应该是父母、长辈等，而不是婴儿。又如，在一些特殊的时间节点，如情人节、春节等，品牌要沟通的对象应该包括有送礼需求的人群。另一类是社会公众，他们是品牌在面向社会做营销传播时所沟通的对象。在品牌想建立品牌的社会形象时，需要选择社会公众作为传播的目标受众。

**品牌使用者**是品牌的产品或服务所针对的人群。当品牌想选择这类人群作为沟通对象时，需要从产品或服务的特性出发，如"我的产品或服务能够解决哪部分人的需求""哪些人有可能购买我的产品或服务"，并结合市场洞察，如"哪些人正在购买和使用我的产品或服务""竞争对手沟通的对象是谁"，来确定哪类或哪几类消费群可以成为品牌的沟通对象。他们可能是品牌的现有使用者，也可能是品牌待开发的潜在使用者。根据营销活动的主要目标，品牌可以选择不同的受众群体。现有使用者是以巩固存量市场为目标的沟通对象，而潜在使用者是以开发新用户、开拓增量市场为目标的沟通对象。

## 6.4　传播目标

传播目标是营销者希望通过传播活动在目标受众中引发的反应。营销传播的目标通常包括提升品牌认知（brand awareness）、塑造品牌形象（brand image）、促进品牌行为（brand behavior）三种类型。

**品牌认知**，也称品牌意识，是指一个品牌在消费者心智或记忆中被唤起的程度。比如，提到奢侈品牌，消费者脑海中就会浮现出路易威登、爱马仕、香奈儿

（Chanel）等品牌，这是因为这些品牌具有很高的品牌认知。消费者未必十分清楚这些品牌具体的故事，也未必很熟悉它们的产品，但他们都能很快想到这些品牌。营销传播策略可以通过广泛的消费者触达和一定频率的曝光来巩固和提升品牌认知。

**品牌形象**，也称品牌联想，是指消费者脑海中呈现的品牌印象和感知，包括消费者对该产品或品牌的特点、属性、形象、品质、口碑等方面的感知，也包括对品牌的理念、文化、个性、价值观等精神层面的感知。清晰、鲜明、突出的品牌形象是品牌差异化策略的基础。因此，营销传播的目标可以是树立和加深品牌的形象，其策略未必是大规模的人群曝光，而是着力于建立核心人群对传播内容的认同。

营销传播的第三类目标是**品牌行为**。品牌认知和品牌形象都属于消费者的心智部分，而品牌行为是指通过传播活动获得的行为转化。服装是季节性十分突出的产品，许多品牌的传播活动都围绕季节性的产品上新和周期性的促销节点展开。促进品牌在这些重要周期的销售是十分重要的任务。当然品牌行为不仅仅指购买行为，也可以是浏览、到店、使用、推荐等其他行为。对于以品牌行为为目标的传播活动，其媒体策略常以电商平台广告或线下零售营销为手段，在内容上体现稀缺性诉求，促使消费者采取行动。

如何设定传播目标本身也是具有战略性的问题。整合营销传播是一个商业过程，传播目标决定了这个过程中的资源导向。合理的目标会使资源向有利于品牌发展的方向流动，而不合理的目标会造成资源的浪费，甚至负面的结果。2020年是新冠肺炎疫情集中爆发的一年，零售行业遭到了巨大的冲击。为了弥补疫情带来的线下营收的降低，许多品牌都将营销传播资源转为线上，将传播目标设定为行为转化，加大了在电商平台的广告投放。但是一些品牌很快发现这一策略的效果十分有限。由于投资水平激增，平台的投资回报率远低于平常，导致了资源很大的浪费，也影响了消费者的品牌体验。

## 6.5　消费者洞察

消费者洞察是许多营销工作的必要环节，在营销传播工作中也不例外。消费者洞察的目的是帮助品牌找到与消费者沟通的桥梁，实现更精准、更具前瞻性的营销战略规划。

### 6.5.1 洞察的内容

为了与目标受众进行有效的沟通，传播项目中的消费者洞察往往关注的是目标受众的微观情况，比如，一天是怎么度过的，生活状态是怎样的，内心最渴望的是什么等。对这类问题的分析的目的是帮助品牌找寻与消费者之间的关联点。比如，帮助品牌了解消费者向往的生活方式，剖析现实与理想之间的差距，这个差距便是消费者的需求。营销传播策略可以展现和烘托消费者现实生活状态与理想的差距，增加消费者消除差距的欲望。这种策略可以实现品牌与消费者在情感层面的对话，使品牌与消费者之间产生更强的联系。

**生活方式**

对于服装这类与生活方式息息相关的品类来说，对消费者**生活方式**（life style）的分析十分重要。服装不仅仅是一块被裁剪与缝制的面料，当服装、场景和人三者相互结合时，它可以具有一定的感性意象。所谓感性意象是指，由于直观所见而引起的联想或想象的产物。服装、场景和人的巧妙结合能够引起人们对某种生活方式产生联想，当这种联想符合消费者对于**理想生活方式**（aspirational life style）的想象时，便可以产生强烈的情感互动。例如，当人们穿着高档时尚的服装，置身于奢华的场景中可以产生一种高贵、自信、优雅的感性意象，从而引起人们对奢华、高档生活方式的想象和向往。因此，在营销方面，品牌可以对目标消费者的生活状态、价值追求等进行分析，找到消费者所向往的生活方式。这有助于品牌找到与消费者沟通的场景，以此通过服装、场景和人的巧妙结合，来传达自己的品牌文化和价值观，从而与目标消费者建立联系和共鸣。

**顾虑和阻力**

制定营销方案时，除了分析目标消费者的生活方式之外，还需要洞察消费者在购买品牌产品时的顾虑（worries）和阻力（barriers），只有解决了潜在的问题，才能说服消费者做出购买决策。因此，一个成功的营销传播方案，不仅要诉说消费者倡导的生活方式，还需要告诉消费者实现理想生活的可行计划，也即尽可能地消除消费者的顾虑。品牌可以通过消费者对产品的观念、使用习惯进行分析来了解产品在进入消费者生活中时所面临的困境，从而制定出有创意的营销方案，开发更多的潜在目标消费者。

例如，化妆品品牌可能会发现一些消费者在购买化妆品时会担心产品对皮肤健康造成负面影响。那么该品牌在制定营销方案时，便可以从强调其品牌使用天然成分，致力于提供安全健康产品的这个角度来讲述营销故事，增强消费者对产品安全性的信心。此外，品牌可以提供专业的肤质测试、定制化妆品方案等互动服务，让消费者更加放心地选择购买该品牌的产品。

一个经典的案例是咖啡机这一本该给生活带来极大便利的产品刚进入市场时，遭到了目标消费者家庭主妇们的一致反对。营销者很快发现，这是因为这个产品威胁了她们作为家庭主妇的角色。于是他们调整了传播策略，将传播的重点由机器的功能改为带来更多的时间陪伴家人。这　调整打消了消费者的顾虑，迅速推动了产品的销售。

综上来说，消费者洞察实质上是要找到目标消费者的需求所在，并分析消费者在解决需求时所遇到的阻碍。只有通过深入了解消费者的需求和阻碍，营销者才能开发出更有针对性、更有效的营销策略。

**延伸阅读：露露乐檬的消费者洞察——"超级女生"（super girls）**

露露乐檬诞生于 1998 年的温哥华，是瑜伽爱好者狂热追捧的运动休闲品牌。在品牌成立之初，创始人丹尼斯·J. 威尔逊（Dennis J. Wilson）便对露露乐檬的目标人群有了清晰、前瞻性的定位。下文讲述了威尔逊先生如何基于对女性消费者的洞察，确定露露乐檬的目标消费群。

1998 年，威尔逊了解到一个令他吃惊的统计数据——北美大学毕业生有 60% 是女性。在威尔逊上大学的 20 世纪 70 年代，毕业班级上只有 20% 的女性。他相信这将是新的北美市场，一个从未存在的细分市场由此诞生——24 ～ 35 岁的单身或订婚、没有孩子、受过高等教育、精通媒体、平时有健身习惯且专业的女性。她们四处旅行，有自己的公寓，年收入在 8 万美元以上，着装非常有型。

虽然当时普遍的想法仍然是，"如果女性员工在 24 岁就要离开工作组建家庭，为什么要冒险投资她们呢？"威尔逊先生依然认为女性还有很多潜力没有被开发，其中存在一些社会历史原因。威尔逊先生分析了上述目标群体的家庭和父母。在

20世纪60和70年代，当时避孕药在全世界流行，避孕药使女性获得了对怀孕的控制权，她们可以决定什么时候生孩子，生多少孩子。这种延迟分娩的能力使女性诞生了一种新的独立感，她们有机会去追求事业、去约会，这些曾经都是被男性独占。女性思想转变的同时，男性却没有因此发生改变，他们不知道如何与新兴的独立女性相处，这种冲突导致离婚率在20世纪70年代晚期和80年代早期达到了顶峰。

随着离婚和平权的宣传，在20世纪70年代和80年代出现了一个新的女性细分市场，威尔逊将其称为"力量女性"（power woman），她们长时间工作，打理家庭琐事，离婚前给孩子全部的爱，她们放弃了自己的社交生活、锻炼和睡眠。随着"力量女性"的崛起，社会发生了转变，她们想要被投资，想要攀越顶峰，得到与男性相同的待遇。在20世纪80年代也诞生了一种新的时尚趋势，"力量女性"穿着带垫肩硬挺的西装出现在会议室，这个形象代表着她们的自信和在商业世界中的新地位。

"力量女性"的女儿生活在女性崛起的家庭环境里，潜意识里明白教育对财务独立的重要性，知道教育和稳定的收入对家庭和事业都至关重要。这一时代的女孩，接触的动画不再仅仅是男性四处奔走、拯救世界，女性超级英雄的形象开始成为女孩们的偶像。威尔逊把这一形象称为"超级女生"，她们与现实中的"力量女性"截然不同，她们不需要看起来像男孩或男人就可以与男性竞争。

在威尔逊的理解里，"超级女生"没有关于性别不平等的任何概念，她们和男孩子一样受到高等教育，对女性世界或女性成就无感，她们在玩一种更大的游戏，成为"最好中的最好"，而不是女性中的最好。威尔逊将这群"超级女生"定义为32岁的女性。对于22岁刚刚大学毕业的女生，威尔逊认定她们将在32岁达到自己的理想境界，有很棒的事业和健康的身体。她们到处出差和四处旅游，有自己的公寓，养了一只可爱的猫咪，她们时尚，追求品质。如果她们愿意，那个时候她们结了婚，有了小孩，可以全职、兼职或干脆不工作，一切都有可能。对于露露乐檬的目标群体——24岁的女性，威尔逊猜想她们8年后会成为"超级女生"，因此，他决定为8年后的"超级女生"设计服装，她们将成为所有年龄段女性的榜样，成为代表忙碌生活着的女性的完美着装榜样。

### 6.5.2　消费者画像

消费者画像（consumer profile）是指对消费者的人口学、心理学等方面进行综合分析，从而建立起一个具体的消费者形象，它一般包括消费者的地理、人口、心理、行为等信息。构建消费者画像实质上就是给消费者贴上标签的过程，其目的是帮助营销者找到明确的沟通对象，进而制定合适的沟通内容。因此，品牌能否清晰、垂直化地定义消费者画像，很大程度上决定了营销传播战略的成败。

在早期，消费者画像的结构较为简单。随着网络技术的发展，品牌能够捕捉到更多的消费者行为数据，消费者画像也越来越全面和精准。但由海量数据堆叠出来的消费者画像可能存在泛化、形象不清晰的问题。营销者需要在丰富与精细化的数据里洞察到有用的信息，绘制品牌自己的目标消费者画像，由此才能更好地指导营销传播策略的制定。

表 6.1 对运动服饰品牌的消费者画像进行了分析。根据不同人对于生活方式和生活态度的追求差异，运动品牌的消费者群被分为潮流时尚爱好者、生活品质追求者、专业运动爱好者，消费者画像对各个群体的人群特征、心理诉求、产品诉求与沟通场景进行了分析。

表 6.1　运动服饰品牌消费者画像分析

| 品牌目标 | 让品牌成为一种生活方式与生活态度 | | |
| --- | --- | --- | --- |
| 人群 | 潮流时尚爱好者 | 生活品质追求者 | 专业运动爱好者 |
| 生活态度 | 永不妥协，时尚由自己定义 | 运动是一种与自我对话的修炼 | 全力绽放，一切皆有可能 |
| 人群特征 | 率真酷炫、青春活力、特立独行 | 独立自主、品质生活、商业精英 | 寻求刺激、英勇拼搏、梦想与勇气 |
| 心理诉求 | 变化、新奇、充满挑战；群体领袖；获得异性青睐 | 热爱生活，感受自然，享受运动；运动是休闲生活的一部分 | 成功感、荣誉感；成为第一的感觉；成为众人瞩目的焦点；提高运动成绩 |
| 产品诉求 | 时尚、个性、引人注目 | 美观、高级、舒适 | 专业、高质量、高科技 |
| 沟通场景 | 街头运动（滑板、轮滑等体现年轻人的酷炫、个性）；休闲娱乐（潮流派对、音乐节等体现年轻人的时尚前卫，有归属感） | 日常生活状态（自我提升、自律、放松、享受、舒适、可持续） | 竞技（有挑战性）、极限运动（冒险性的） |

**触点分析**

消费者画像中一个重要的要素是**触点**（touch points）分析。这里的消费者触点有两层含义：一是消费者可能接触的传播渠道，二是消费者可能接触或使用产品的场景。前者可以帮助品牌选择更有效的传播渠道组合，而后者可以帮助营销者制定有效的沟通策略。

品牌营销沟通需要依附内容，而内容要依附于媒介渠道才得以传播，因此，对于渠道触点的研究尤为重要。随着互联网的发展，媒介环境已发生改变，如今不再是品牌在中央电视台上投广告就能广而告之的时代了，消费者的媒体使用习惯在改变，接触信息的渠道也越来越多元化。消费者在消费决策的不同阶段会接触不同的**营销渠道**（marketing channels），不同渠道的信息发挥着不同的作用。在绘制画像时，我们可以通过消费者旅程来表示渠道如何与消费者发生关系，如图6.1 所示。这十分易于传播项目的参与者理解各个触点对消费者体验的影响，以便他们制定相应的策略来管理消费者的体验。

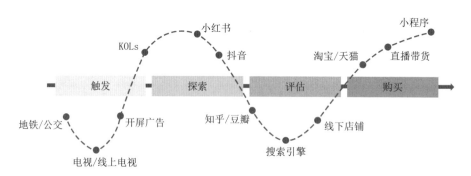

图6.1　消费者旅程视角下的营销渠道布局

**使用场景**（usage occasions）分析旨在确定产品在何时何地以及在什么情况下可能会被消费者使用。场景的分析可以帮助营销者讲好一个营销故事。场景触点可以基于消费者的生活形态分析得到。所谓生活形态分析，也就是分析消费者从早到晚一天24 小时的活动轨迹。一般来说，个体的生活可以被分解为三个部分：职业生活、业余生活与家庭生活。对目标群体的工作性质、社交方式及家庭娱乐进行分析，可以找到产品与消费者的沟通场景。

以锐澳（RIO）鸡尾酒品牌为例。这个品牌正是抓住了"90后"空巢青年的生活状态，打造了一个新的市场爆款——锐澳微醺产品。根据数据统计，中国大约有5000多万空巢青年，他们喜欢上班时的热闹，下班时的欢聚，但也喜欢自己独处时的状态：有自己的空间、自己的思想、自己的表达。锐澳微醺就是打造了这样的一种营销场景：当你一个人在家独处的时候，不想那些诗与远方和眼前的苟且，就是想单纯地发泄一下自己的感情。可能是今天工作的不顺利，可能是对情人的思念，可能是对今天自己的表扬，可能是暗恋女孩对你的点赞。正如锐澳微醺的广告语"把自己还给自己"那样，当一个人独处时，第一个想到的就是来一罐锐澳微醺，享受微醺时刻。

消费者生活形态的分析，也可以帮助营销者确定有效的渠道触点。例如，新潮传媒有这么一个洞察——中国有4.6亿上班族，80%都不在写字楼上班，但这些人都要回家，所以社区用户规模巨大、触达稳定，而且停留时间特别长。因此，他们认为，社区梯媒将成为引爆品牌的第一媒体。总的来说，消费者触点的研究可以帮助品牌准确锁定目标人群，在他们最容易出没的地方，在恰当的时间，制造一场精心策划的偶遇，说恰到好处的话。

### 6.5.3 数据的来源

获取数据是消费者洞察的第一步，本部分介绍几种常见的消费者数据获取方式。

#### 消费者调研

消费者调研是传统的数据获取方法，一般通过问卷调查或访谈的形式获取消费者信息，以帮助品牌了解消费者的偏好、需求和行为，为制定更有效的营销策略提供数据支持。消费者问卷调研虽然是获取消费者洞察的重要方式，但在实践中仍具有一定的局限性和弊端，比如，问卷调研的样本可能不具有代表性；不能深入受访者的心理和情感需求；受访者可能存在回答不真实的情况等。品牌在进行消费者洞察时，可以结合其他方法，如访谈、焦点小组座谈等，进行综合分析和判断。

#### 消费者行为数据

消费者行为数据是指消费者在网站或移动App里搜索、浏览、点击、互动等线上行为发生的时间、频率等数据，也被称为用户行为数据。这些数据非常庞大，品牌可以尝试挖掘这些数据背后的价值，提炼有效的信息，为品牌营销赋能。企业通常参考用户行为数据的处理和分析结果进行精准广告投放、内容推荐、用户行为习惯和喜好分析、产品优化等。

行为数据比较重要的两个数据是时间与频次维度。**时间维度**需要关注行为发生的时间段和持续时间。时间维度数据可以帮助品牌分析消费者的媒体使用习惯，指导品牌选择适合的传播渠道和传播时间。品牌也可以洞察消费者使用应用程序背后的动机，找到新的营销场景。比如，一项调查研究发现，年轻人喜欢在睡前玩手机、刷短视频，他们选择主动熬夜来反抗枯燥的日常生活。玩手机只是一个行为，但当将玩手机的人与玩手机时的情境结合起来时，似乎玩手机这个行为也充斥了人们的思绪，"人＋行为＋情境"便营造了一个新的营销场景。营销者需要思考的就是，如何让品牌成为场景中的一部分。

消费者特定行为发生的次数或频率可以帮助品牌识别潜在消费者以及洞察市场的流行趋势。比如，在某一时期，有大量的用户在应用程序上搜索了同一关键词，这一关键词很有可能就是当下的新消费热点与消费趋势。又如，如果一个用户在近日多次浏览过某个或多个相似产品，那么平台就可以分析该用户的兴趣爱好，为他打上相应的标签。当用户被打上越来越多精细的标签，品牌在投放广告时，便可更精准地圈定人群包，实现精准投放。但同时，品牌方也为此感到担忧。因为不同的平台都拥有一套不同的算法，消费者在不同 App 上的行为数据无法打通，事实上，数据打通在行业内也是不被允许的，这将导致品牌虽然在不同平台上投放广告，但反复触达的却是同一群人，从而造成营销浪费。

### 社会化聆听

社会化聆听（social listening）又称社群聆听，是指围绕特定关键词，对发布在社交媒体网络上的信息进行监测与分析。社群聆听实际上是利用爬虫技术，从社交媒体网络上爬取用户发布的内容与评论的过程。它是一种新兴的市场调查法，也是商业应用的一大趋势。借助社群聆听技术，品牌可以了解消费者在讨论什么，讨论声量如何。由社群聆听获得的数据真实且可靠，可以帮助品牌进行消费者洞察，监测自身品牌声誉、竞争对手动态、行业趋势等。

下面是一个利用社群聆听进行流行趋势分析的案例[1]。根据情报数据，小红书用户对洞洞鞋的讨论热度逐渐走高——近30日内，小红书上洞洞鞋相关的笔记有1.78万篇。根据笔记的内容与评论进行高频词分析发现，排名前10的形容词分别是：百搭、日常、可爱、好看、平价、舒服、舒适、快乐、特别、可爱。排名前10的动词分别是：DIY、上街、搭配、尝试、喜欢、增高、外穿、出门、穿上、上脚。由此可见，年轻人喜欢洞洞鞋的主要原因是百搭、日常，其次就是消费者可以DIY自己的洞洞鞋。这些高频词可以成为营销者讲故事的主题或关键词。

除此之外，社群聆听可以帮助品牌更了解自己的消费群。例如，某品牌希望了解中国咖啡市场的核心消费群和人群画像。他们利用爬虫技术，从社交媒体上抓取该品牌及竞品相关的超过120万条消费者帖子和评论，对这些数据进行聚类分析，梳理出了四大核心消费人群——咖啡菜鸟、续命职场人、讲究品质控和小城享乐派。另外，他们对帖子的内容进行分析，归纳出了这四类细分人群在饮用环境、口味、包装上的不同痛点诉求。

## 6.6 大创意

如果说消费者洞察是发现问题，那**大创意**则是将品牌目标问题与消费者连接起来的手段。大创意的思维来源于广告人大卫·奥格威（见第五章大创意内容）。它是品牌发起一个营销活动时，品牌与消费者沟通的核心主题或形式。一旦大创意确定后，品牌所有的营销动作都应围绕其展开，成为行动的指针。

大创意在整个营销传播中占据重要的位置（图6.2），它向上承载了企业的长期目标、消费者需求、活动的短期目标，向下承接了营销策略、传播渠道、预算与执行和评估。预算、执行以及评估属于营销传播中战术层面的问题。

---

1　案例来源：36KR网站，"小红书女孩，正在集体加入洞门"。

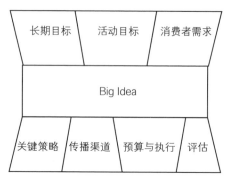

图6.2　大创意在营销传播中占据的位置

　　一个好的大创意需要有参与度（involvement）、可传播性（contagion）和可落地性（actionability）。

　　**参与度**是指营销活动能够吸引人们参与。营销者需要考虑什么样的活动主题能够引起目标人群的注意，吸引他们参与到事件中，这就依赖于营销者洞察、了解目标人群的热点活动、话题、情感需求等。优衣库品牌依据对目标消费群体的洞察，将他们的生活习惯作为创意的触点——每日乘坐地铁上下班。这一接地气的生活习惯看似普通平常，却是一众上班族不可或缺的。为宣传优衣库新店开张，品牌发起了"地铁派对"活动，对车厢进行改造，参与活动的消费者可以获得品牌礼包，在地铁车厢中营造的派对氛围里唱跳娱乐。这一创意巧借消费者的日常习惯增强了活动的可参与度，提了乘客对品牌的兴趣，也达到了宣传店铺的目的。

　　**可传播性**是指当品牌发起的营销活动吸引人们打卡后，能否促使人们自主地对参与体验进行分享。一般来说，促使人们产生讨论、评论、转发对某个事件的看法的动机一定是他们获得了某些东西，可能是情感满足，也可能是实物获得。营销者在头脑风暴大创意时，需要思考这个创意能够为消费者提供的价值。

　　**可落地性**是指大创意是能够通过一系列营销策略来执行的，而不是异想天开。可执行具体体现在两方面：其一，资源。营销创意虽需要新颖，但也不能过于天马行空，一个创意是否能落地需要考虑是否有相关的资源作为支撑。其二，创意能否被执行很重要的影响因素是预算，它决定了大创意下可以容纳多少可执行的方案。一般来说，营销者在制定营销沟通策略时，每个营销活动都会受到预算的限制，这意味着并非所有方案都能够被采纳与执行。

由于营销活动本身也有需要达成的目标，营销者在思考大创意时，也要考虑到如何实现活动目标，从而制定更有针对性的营销策略。比如，上面的优衣库案例就是为了宣传新店铺，那提升店铺的知名度、进店率是此次活动的目标。除了活动本身需要具有吸引力之外，营销者还需要考虑消费者参与活动打卡的阻碍，确保他们能够以最低的成本代价参与。

**延伸阅读：天猫"加油白衬衫"**

受新冠肺炎疫情的影响，大学生面临"最难毕业季"——2020年应届高校毕业生共874万，同比增长4.8%，但由于疫情影响，企业对应届生招聘需求却同比下降22%。在此背景下，天猫为了增加毕业生求职信心，联合50多家服装品牌，用面试必备装备"白衬衫"为重要元素进行延展，发起"加油白衬衫"社会化整合传播战役，并提出"每个人的开始都是一件白衬衫"的核心价值主张。这一营销活动利用走心的创意短片赚足了泪点，通过线下场景化营销和就业指导关怀与受众群体进行了长效沟通，天猫还在展览中推出了一台特殊的白衬衫贩卖机（图6.3），毕业生把简历从"简历投递口"投入，便可以免费选择自己尺码的白衬衫，作为他的面试"战袍"。

图6.3　天猫白衬衫贩卖机

此次活动引发品牌传播及专案合作累计曝光量达 11.3 亿，近 105 万用户加入 ＃加油白衬衫＃微博话题为毕业生加油，天猫成功地与未来的消费主力建立了紧密联系，塑造了有情怀、有温度且年轻化的品牌形象。

# 6.7　渠道选择

创意需要通过渠道传播出去。渠道选对了，好的创意内容才能更好地发挥它的价值。随着数字技术在传媒领域的广泛应用，人们获取信息的方式越来越丰富，传媒行业的格局也在不断变化——网络媒体、社交媒体、移动端媒体、视频媒体等新兴媒体形式逐渐崛起，成为人们获取信息的主要渠道之一。媒体渠道是品牌和消费者沟通的工具和平台，在消费者的注意力被分散在不同的渠道上，且流量都很高的情况下，品牌应该如何选择合适的传播渠道呢？这涉及媒体选择的标准和策略。

## 6.7.1　媒体特性

### 触达和频次

品牌在进行广告投放时需要考虑的两个关键指标是**触达**（reach）和**频次**（frequency），媒体选择也与这两项指标密切相关。所谓触达是指广告在特定时间内被观众看到的比例。当广告被品牌的目标人群看到时，此次触达被称为有效触达，它是衡量广告传播效果的重要指标。频次是指一个特定的广告向每位观众所展示的次数。通常来说，品牌需要控制频次的上限。因为对于观众来说，反复看到相同的广告并不是理想的体验。

在选择媒体时，品牌需要考虑选择高频次还是高触达的媒体。比如，户外大牌和电梯屏幕等生活空间媒体具有高频次的特征，而电视和广播这类媒体则一般具有低频次但触达相对广泛的特征。许多数字媒体可以对触达和频次进行精确的控制，如手机 App、视频媒体、电商平台等。这使得数字媒体相对于传统媒体而言具有很大的优势，能使品牌精确地控制传播的成本。

在碎片化媒体时代，很难有一种媒体渠道能实现全国范围内的高触达。因此，策略的制定者需要通过**媒介组合**（media mix）来实现对目标消费者的充分触达。例如，当目标受众为"25 至 35 岁的白领女性"时，可以采用视频、手机 App、社交媒体的组合对这一受众进行宣传；而当目标群体定位为 30 至 45 岁的家庭妇女时，电视媒体、网络和杂志的组合则可能起到很大的作用。

频次和触达也是媒体组合策略的一个考虑因素。比如，一个相对简单易于理解的信息，可能不需要高频次的触达就足以达到传播的目的。此时媒体组合的策略应分散，在资金固定的情况下尽量扩大触达。但是当一个品牌信息相对复杂，需要多频次的曝光才能满足要求时，使用较少的媒体渠道、较集中的媒体策略可能更加合理。

### 受众浓度

由于不同的受众有着不同的媒体偏好和行为习惯，导致不同媒体的用户画像存在一定的差异性。特定受众占某一媒体总用户的比例称为受众浓度（concentration）。如根据数据统计，今日头条的男性用户占比为 77.6%，超四成用户为 36 岁以上，30 岁以下用户仅占三成。可见中年男性是今日头条的主要用户群体。与之形成鲜明对比的是小红书，女性用户占比 74.4%，远超男性用户，并且小红书年轻用户居多，主要集中于一线城市。如果一个品牌的目标人群恰好是中年男性，今日头条则可能是一个十分合理的选项，而小红书则可能并不是最佳选择。因此，品牌在传播营销信息时，要先找到自己的目标受众，尽可能精准定向地投放广告，这样才能确保营销信息最大范围地被正确的人看到，从而实现有效的触达。

许多数字媒体都开发了定向人群投放的功能。在投放广告时，**人群包**（cohorts）是实现定向人群投放的手段。所谓人群包就是将某媒体的用户进行分类，并给不同的人群贴上标签。例如，某美妆品牌常将其信息流广告的投放人群分为本品资产人群、竞品人群、精致妈妈人群、新锐白领人群、美妆人群等。不同人群包的投放预算分配取决于人群包的量级，通俗来讲就是，社交媒体上不同人群包的人数是不同的，有的人群人数多，那么在投放时这部分人群的预算分配可能会多一些，当然预算的分配也取决于品牌想要主攻的人群。关于媒体用户的人群标签和人群包量级测定，是依赖于深度学习等技术对用户的历史行为数据和兴趣爱好进行反复学习得到的，它可以帮助广告主更好地定位自己的目标受众。

**媒体关联度**

**关联度**（engagement）指的是消费者与媒体渠道连接的密切程度。如正在追的热剧、经常访问的网站、每天都离不开的 App，都可以称为高关联度的媒体。媒体关联度常常表现在消费者的行为上，比如，对一个网站来说，高关联度意味着消费者具有常常访问、下载内容、时常关注、向朋友推荐等行为。

媒体关联度来源于媒体与消费者生活方式的匹配。比如，媒体的内容可以融入消费者的生活，消费者觉得该媒体的内容十分有用（如购物网站），或者提供娱乐性的体验（如电视节目），或是在使用过程中让人暂时忘记现实的烦恼（如游戏）。人们使用媒体的原因大致可以分为四类：（1）获取信息，如获取最新事件的报道、寻求建议或帮助、满足好奇心和求知欲、学习知识技能等；（2）自我构建，如更好地认识自己、强化自己的价值观念、寻找榜样等；（3）社会互动，如获得群体归属感、与朋友和家人互动、扮演与现实生活不同的社会角色等；（4）娱乐，如放松心情、暂时逃避现实、文化或美学的快感等。

媒体背景环境对营销信息传播效果的影响包括以下几个方面。首先，媒体环境可以使得消费者的情绪更容易被激发，如消费者在电影院静待正片播放时，软饮料广告更容易调动起欢乐的气氛。其次，当媒体背景产生的情绪与营销信息的调性相符时，较能激发消费者共鸣。因此，许多希望传达进取、积极、励志等情绪的广告常常选择在激动人心的体育赛事期间投放。最后，媒体环境可以突出消费者的某些品牌联想，有助于广告信息的解读。比如在节假日时段播放酒类广告更容易使消费者将品牌和生活场景连接起来。

品牌在选择媒体渠道进行信息传播时，应结合品牌调性或营销目的选择适合的传播平台。以服装品牌为例，微博、微信等在许多消费群体中具有广泛关联度的媒体平台适合大众品牌服装的营销推广；而小红书等分享类平台则为小众服装品牌提供了机会，对于希望与消费者建立亲密连接的服装品牌也有意义；像抖音等以娱乐为主的平台对平价服饰来说是安全的环境，但奢侈品牌则需慎重选择其作为传播的切入点。

**可信度和吸引力**

大量研究表明信息源的**可信度**（credibility）和**吸引力**（attractiveness）是影响消费者对信息的接受程度的两个关键特性。可信度是指信息源被感知到的专业度、客观性和可靠性。吸引力是信息源被感知到的社会价值，包括外表、个性、社会地位，或者与接收者的相似性等。信息源对传播效果的影响对营销者有很大的启示。他们需要根据传播的目的和情境选择强调可信度还是吸引力。

在有些场景中，使用有可信度的信息源能更好地达成传播的目标。在消费者对某个产品还不是很了解的情况下，采用一个有权威性的专家作为产品的代言人无疑能降低消费者的感知风险。例如，在药品广告中，使用医生的形象来进行产品性能的说明无疑能增加广告的说服力。在销售以感性和体验为主的产品时，强调吸引力则能增加受众的注意，能引起态度和评价的改变。例如，香水和时尚产品经常使用流量明星作为产品代言人。

## 6.7.2　选择的策略

**营销目标与媒体选择**

品牌通常会根据长期的战略目标提前制定年度的媒体投放策略，包括媒体投放渠道，以及各个渠道的预算分配。在上文提到的情况分析中，处于不同生命周期阶段的品牌，它们当前的商业问题是不同的，这需要在媒体策略上予以考虑。在品牌预算有限的情况下，品牌必须考虑如何将预算投到最有效的渠道组合上。对于想在短时间内引爆的品牌来说，通过高频高覆盖媒体策略来快速建立消费者的认知可能是必需的。种草策略则需要通过个性化互动，形成品牌依恋和转化。如果品牌想要打造领导者的形象，则可通过全媒体投放策略打造有实力、可信赖、众多人使用的形象等。

从单个营销活动的传播目标来看，品牌在选择媒体投放广告时，除了了解目标受众的媒体使用习惯外，还需要弄清楚此次投放的目的，是做促销、新品发布还是打击竞争对手，不同的传播目标在媒体选择以及投入成本上大不相同。这是因为不同媒体渠道本身的定位不同，使得不同广告平台上所适合的广告调性以及可实现的广告效果也是不一样的。因此，品牌在进行广告投放时，必须选择与投放目标相匹配的传播渠道。例如，如果广告投放的主要目标是新品种草，由于种草类广告一般以传递信息和品牌教育为主要目的，品牌需要通过优质的内容持续地与消费者进行互动，品牌应该选择在那些互动性较高，并且用户专注度较高的媒体渠道上投入更多的钱。如果广告投放目的是促销，则需要选择那些容易促使转化的平台。在企业实践时，品牌往往选择小红书平台实现种草，而利用天猫平台来实现转化。

**品牌调性与媒体选择**

由于不同传播媒体的定位不同，导致受众对于不同媒体的感知映射到产品和品牌的印象也会有所不同。以奢侈品牌入驻抖音等社交媒体为例，最初，奢侈品牌对于入驻抖音都持着犹豫、谨慎的态度，各奢侈品牌都在互相窥视有没有哪个胆大的先去试水。奢侈品牌纠结的原因在于，入驻抖音这样的比较接地气的社交媒体可能会损坏品牌的调性，反噬品牌的形象。但为了应对数字媒体时代带来的挑战，以及打破品牌老化形象的迫切性，奢侈品牌最终还是选择了在抖音等社交媒体上运营自己的官方账号。但对于奢侈品牌来说，在利用社交媒体进行传播时，需要考虑怎么做才能保持品牌的调性、维护好品牌的形象。

从产品印象的层面来看，不同产品对于消费者来说，可能发挥着不同的价值——功能价值、享乐价值或者符号价值。品牌需要选择与产品价值相符的媒体渠道进行营销传播。对于那些注重功能性，尤其是注重品质的产品来说，品牌需要选择一些观众信赖的渠道来传达产品高品质的特征。这是因为在不同渠道上，消费者对于产品的质量感知是不同的。比如，虽然现在看电视的人越来越少了，但像一些牛奶、奶粉品牌在做品质溯源营销时还是会选择在电视上投放广告，因为在人们的印象里，电视是一个较为权威的平台，通过电视广告可以加深高品质的产品心智。

对于那些以享乐为主要目的的产品，品牌在传播相关信息时，信息本身比较简单易懂，视觉上也比较能引人注目，这类广告不需要观众花费过多时间和脑力去思考品牌传播的信息是什么，因此，对于这类产品的宣传可以选择那些具有娱乐性，或者不需要长时间关注和精神高度集中的渠道。

对于符号价值，一般来说，具有符号价值的产品往往是一些具有身份地位和生活方式象征的产品，这类产品的价值需要品牌通过品牌故事去传达和表现。产品的符号价值，或者说品牌的符号价值是品牌在消费者心智中种下的印象，这是品牌在开展任何营销活动时永远不可偏离的核心价值。因此，这类产品在进行传播时，需要选择一些易于展现产品和品牌故事的中心化渠道。

---

**访谈：策略人要善于识变，在变化中抓住机遇**

（访谈对象：张熠斐，星传媒体战略中心部门高级总监）

**问：** 能否简要介绍一下您和您的公司？

**答：** 我们是一家广告代理公司，主要帮助品牌做广告策划、广告制作、广告发布等全流程营销服务。我个人工作于策略中心部门，主要的工作是帮品牌客户做营销传播策略与咨询。所谓营销传播策略，简单来说，其实就是通过消费者的洞察，找到品牌和消费者沟通的机会点。

**问：** 能不能具体展开讲讲，您在做消费者洞察的时候，是怎样去做的，会考虑到哪些因素？

**答：** 我们会基于几个不同的角度去做消费者洞察，不仅仅是单一维度的只依赖于调研或者大数据。很多资深的营销传播人士在做消费者洞察时，会基于自己日常经验及观察去下判断。那些观察也会被归纳总结，然后通过调研或者大数据，反复去论证这个观察是不是真的成立，还是说只是个例而已。

还有就是在社交媒体如微博、抖音、小红书，去找一些大家热议的话题或趋势性的东西，然后我们再反过头去看这个趋势背后大家所关注的点是什么或者动机是什么。比如，现在在年轻人当中 "city walk" 非常流行。通俗点来讲，"city walk" 就是走路，在大街上闲逛。为什么当下的年轻人会喜欢这种形式？那我们可能就要追溯他们的心理动机是什么，去了解动机背后的原因。比如说，我们可能会发现，"city walk" 的流行其实是跟整个当下的社会变革有关，年轻人不再局限于出去时一定要一个很好的攻略，或者说一定要去哪打卡，而是变成一种闲逛，用一种比较开阔的方式去发现藏在街角里面的一些有趣的东西。总的来说，就是把旅游这个非常需要规划的事情变成了一个更加随机、更有灵活性的娱乐方式。这反映了当下年轻人更加希望活在当下、享受当下，而不是像老一辈人一样做一个长远的规划。

在实际的工作当中，洞察的挖掘方式有很多种，我们很难用一个非常成型的套路、非常理论化的体系去概括它。如果让我去归纳的话，无非就是刚才提到的三种。其一，从个人经验出发；其二，从大数据显示的行为去推导背后的动机；其三，就是我们观察到趋势，然后去找背后的动机。总的来说，洞察就是要观察到变化，然后分析变化背后的原因，再去制定具体的有针对性的策略。

**问：您以前有谈到过一个 4C 理论，那能不能给我们讲一下，这 4C 到底是哪 4C，以及在做营销策略时它所起到的作用是什么？**

答：也不能说是一个理论吧。它其实是在我们去做洞察或者帮助品牌寻找机会点时，可以去思考的一些角度。第一个 C 是指 consumer，无论是洞察还是找机会点，都要从人出发，从消费者出发，这点刚刚已经讲了。

第二个 C 是 category，它是指品牌要关注自己所在的品类的动向，以及我们自己的品牌在这个品类的动向里面有没有一些机会点。举一个简单的例子，比如说食品饮料行业，可能现在一个大的趋势是无糖、健康，如果大家都在往这个趋势走，那你的品牌在这整个品类的大趋势里边是顺势而行的，还是逆势而行的，品牌自己要非常清楚这一点。另外要思考的就是，在品类的大趋势下，品牌会碰到什么挑战，我们是不是有一些其他的机会点去克服这些挑战。比如，当大家都在讲无糖的时候，如果你还是生产有糖的饮料，你可能会碰到很多的问题，这些问题其实就是品牌要实现增长所面临的主要挑战。那面对这些挑战，我们是要顺着大趋势走，还是去找到一些出其不意的点去和消费者沟通，这是品牌需要去思考的事情。

第三个 C 是 competitive，也就是竞争。我们要时刻关注和警惕竞争对手有什么动作，这些动作会不会给我们自己造成什么威胁。比如说，我们某个牌子的饮料一直是去讲电音这件事情，突然间，我们的直接竞品也开始做音乐，这对于我们来说，就是一个非常直接的冲击。在消费者心智里面可能音乐这个东西没有那么复杂，一个牌子占了另外一个牌子就不会去抢占。但是，当另外一个牌子也开始挑战音乐这个领域的时候，我们自己的牌子该怎么办？是正面硬碰硬——它来抢占我的领域了，我就要把我的音乐的这个领域守护好，还是竞争对手比我强，我干脆换一条赛道。如果是硬碰硬，我们需要明确我自己品牌的优势在哪里，我怎么样去维护我的品牌不受竞争对手的攻击，去把音乐这个领域守护好。如果要放弃之前的赛道，那就要去想我的机会点是在哪里。

最后一个 C 是 culture，也就是在社会文化层面上，品牌有哪些洞察和可以把握住的机会点。比如说，其实很多品类领先的品牌，它们做的事情不只是单纯地卖更多的产品，很多时候它们想要改变人们对于某些事情的偏见，或者说，它们想改变消费者对于某个品类的态度。那对于这些品牌，它们可能就要更多地去找到在社会文化层面上的机会点在哪里，或者在社会文化层面的洞察是什么，进而去改变消费者的一些行为和态度。很多大的品牌也在立志于去做这样的事情，比如说像可口可乐、苹果这些大的品牌，它不只是单纯地想要让消费者记住它自己是一个卖可乐或者是卖手机的牌子，它们想让消费者记住这个品牌是可以给他们的生活带来一些变化的。

**问：那对想要进入营销战略领域的年轻人来说，您觉得需要培养哪些方面的能力，或者需要经过什么样的训练呢？**

**答：** 从我个人的角度来看，在营销这个领域里做策略的人需要具备以下几个基本点。第一，要有很强的好奇心。因为很多时候我们需要去挖掘和洞察消费者，这就需要我们有好奇心去了解新的东西。要观察到变化，要知道为什么今天马路上的人看起来不一样，你要知道为什么突然间有这个东西在流行，你要带着一个好奇心去探索世界，去了解世界。如果没有好奇心的话是观察不到这些变化的，那就很难再研究背后的洞察。

第二，做策略的人需要有非常强的归纳总结能力。策略的工作并不是把看到的所有信息都列出来讲给客户听。策略最核心的能力是提炼总结，有点像沙里淘金。因为外面有海量的信息，尤其在大数据的环境之下，我们每天面对的都是各种各样的数据和信息，那你怎么样在这些信息里边提炼出有价值的信息，然后借助这些有用的信息去表达我们自己的观点，这个是很重要的。

第三，做策略的人需要有很强的逻辑能力，也就是能够把海量的信息归纳总结的逻辑能力。我们不能在讲故事的时候思维总是跳来跳去。通过语言把故事从头到尾讲清楚是需要具备很强的逻辑能力的。

# 第七章　传播的计划

　　策略提供了宏观的方向，计划则是落实策略的具体方案。管理学者彼得·费迪南·德鲁克（Peter Ferdinand Drucker）认为管理的本质不在于知而在于行。整合营销传播的成功，不仅是策略制定的成功，也是计划周到的结果。策略正确但没有可靠的计划支持，只能纸上谈兵。本章对制定整合式营销计划时所要考虑的要素进行了阐述，包括预算确定及分配、时间和排期安排、测量评估几方面。

# 7.1 整合营销计划案例

某户外运动品牌以高消费 Z 世代为目标消费群体，品牌理念是提倡一种健康松弛的生活方式。"618"电商节来临之际，品牌欲借助"夏日奇旅"这一波夏季活动来促进销量，同时广泛地向目标客群传达品牌理念，提升品牌形象。该品牌计划在"618"活动期间联系一位知名明星参加品牌在天猫平台上的直播，并以亲和的方式，如生活类达人分享笔记，与消费者建立紧密联系。结合各渠道的职能，得出图 7.1 的整合式营销计划表（flow chart）。

整个"夏日奇旅"活动分为预热期和推广期。根据电商平台的"618"规则，活动时间从 6 月 1 日到 6 月 20 日，品牌在这段时间内对部分商品进行促销折扣。在这之前是预热期，为了将产品活动更好地宣传出去，品牌特意邀请了一位明星助阵 6 月 3 日的天猫直播间。这一消息在预热阶段通过公关部门进行新闻通稿的宣发，来引起公众的兴趣，同时配合社交媒体的广告投放和 CRM（customer relationship management，客户关系管理）的会员通知，来更有效地将活动信息传递给消费者。其中，小红书、抖音和微博是以 Z 世代为主要用户的平台，其社交属性更适合该品牌在上面做推广。相较而言，微博具有一定的明星效应，通过明星账号发布粉丝头条的广告形式，更能抓住明星的粉丝群体，让他们也能参与到品牌的夏日活动当中；而小红书和抖音的互动性和亲和力更强，相比直接的广告，达人笔记分享和短视频的形式让用户更自然、不抵触地接触到品牌产品，更容易达到种草的效果。因此，小红书的媒体投放将贯穿整个"夏日奇旅"的活动周期，不仅仅是相关产品的推广，"618"活动后期还会主推品牌理念的内容，向用户传达健康松弛的生活方式的思想，树立积极的品牌形象。抖音平台则聚焦在"618"大促期间，借助平台广告形式多样，且能直接跳转到站内"抖音小店"快速购买的优势，帮助品牌产品实现较高的转化。此外，CRM配合活动节奏，定期向会员或消费用户发送最新的活动通知和账户信息，保持与消费者之间的联系，加深品牌在消费者心中的印象，使得他们在进入"618"活动期间或在需要运动产品时，会第一个联想到该品牌。

除了线上的推广，线下也通过 **VM**（visual merchandising，视觉陈列）的店铺橱窗设计和 **RM**（retail marketing，零售营销）的商场内广告来增加曝光，吸引更多可能的消费者。预热期以"夏日奇旅"为主题设计橱窗和广告，而"618"期间则加入促销的内容，大促过后继续以营销主题和品牌故事为主，目的是让看到的消费者建立品牌认知，提升品牌形象。

预算方面，整体对标上一年同期花费和竞品花费，结合目标关键绩效指标（KPI）进行预估。媒体有比较固定的成本价，可以根据不同平台的广告位价格，如 CPM（cost per mille，千人印象成本）、CPC（cost per click，单次点击成本）、CPT（cost per time，以时间计费）等计价形式进行购买。CRM发送会员通知则参考不同平台的推送规则，对通知的人数、精确的目标客群等进行预估。VM和RM的线下广告需要考虑设计费、道具费、运输费、商场广告位的定价等因素。PR与明星、KOL达人的合作费用并不是固定的或成文的，要根据品牌与明星或达人团队协商后的价格进行规划。当然，整体预算也制约着不同渠道的金额分配。比如，总预算是2 700万元，一般不会邀请一位单次直播就要2 000万元的明星，这样仅剩下700万元的金额，分配到其他渠道就无法支持品牌和明星活动的推广，达不到目标的营销效果。除了预算方面各渠道之间要互相协调以外，具体的内容和形式也要相互沟通整合，以传达统一的品牌声音，树立一致的品牌形象。

| | # 夏日奇旅 # | | | | | | | | | | | | | | | | | | | | | | | | | | | | | | | | | | | | | | | |
|---|---|---|---|---|---|---|---|---|---|---|---|---|---|---|---|---|---|---|---|---|---|---|---|---|---|---|---|---|---|---|---|---|---|---|---|---|---|---|---|---|
| | 五月 | | | | | | | | | 六月 | | | | | | | | | | | | | | | | | | | | | | | | | | | | | | 预算 |
| 渠道 | 23 | 24 | 25 | 26 | 27 | 28 | 29 | 30 | 31 | 1 | 2 | 3 | 4 | 5 | 6 | 7 | 8 | 9 | 10 | 11 | 12 | 13 | 14 | 15 | 16 | 17 | 18 | 19 | 20 | 21 | 22 | 23 | 24 | 25 | 26 | 27 | 28 | 29 | 30 | 27m |
| 促销-线下 | | | | | | | | | | | | 线下折扣 / 最多5折 | | | | | | | | | | | | | | | | | | | | | | | | | | | | |
| 促销-线上 | | | | | | | | | | 线上折扣 / 最多五折 | | | | | | | | | | | | | | | | | | | | | | | | | | | | | | |
| 视觉陈列VM | 0.3m 橱窗-夏日奇旅 | | | | | | | | | | | | 0.3m 橱窗一-夏日奇旅<br>0.3m 橱窗二-夏季折扣 | | | | | | | | | | | | | | | | | 0.3m 夏日奇旅 | | | | | | | | | | 1.2 |
| 零售营销RM-商场广 | 1.2m 夏日奇旅 | | | | | | | | | | | | 1.9m 夏季折扣 | | | | | | | | | | | | | | | | | 1.5m 夏日奇旅 | | | | | | | | | | 4.6 |
| 公关PR | 0.2m 明星新闻通稿*2 | | | | | | | | | | | 1m 明星 天猫直播 | | | | | | | | | | | | | | | | | | | | | | | | | | | | 4.2 |
| 社交媒体-小红书 | 1m 开启夏日奇旅 | | | | | | | | | 3m 夏日奇旅 & 618促销推广 | | | | | | | | | | | | | | | 2.4m 618促销最后推广 | | | | | 1.8m 品牌理念 | | | | | | | | | | 8.2 |
| 社交媒体-抖音 | | | | | | | | | | 3.6m 夏日奇旅 & 618促销推广 | | | | | | | | | | | | | | | 3m 618促销最后推广 | | | | | | | | | | | | | | | 6.6 |
| 社交媒体-微博 | | | | 0.5m 粉丝头条 (支持明星直播) | | | | | | | | 0.5m 粉丝头条 (支持明星直播) | | | | | | | | | | | | | | | | | | | | | | | | | | | | 1 |
| 客户关系管理CRM-线下 | | | | | | | | | | 0.1m 积分 到期提醒 | | 0.1m 会员提醒 | | | | | | | 0.1m 会员提醒 | | | | | | | 0.1w 夏季折扣 最后提醒 | | | | | | | 0.1m 过期会员 积分恢复 | | | | | | | 0.5 |
| 客户关系管理CRM-线上 | | | | 0.1m 618预热 | | | | | 0.1m 618 开始提醒 | 0.1m 明星 直播提醒 | 0.1m 会员提醒 | 0.1m 618 第一波提醒 | | | | | | | | | | | | 0.1w 618 大促日提醒 | | | 0.1w 618大促日 | | | | | | | | | | | | | 0.7 |

图7.1　整合式营销计划表

## 7.2　确定预算

所有营销计划的实现都需要有预算的支持。常用的设定预算的方法包括参考历史预算、任务成本、销售额百分比、竞争对比和预期目标。在实操中预算的设定往往没有一个固定的方法来得出唯一结果，品牌需根据特定的情况选择合适的方法作为参考。因此，一个更准确的说法是预算的**参考点**（benchmark）。

### 7.2.1　历史预算

几乎所有的品牌公司都会在设置营销活动预算时以历史上类似活动的预算水平作为参考。以历史预算作为参考的优点是使预算不偏离合理的规模和公司实力，有利于说服公司内部的利益相关方批准预算。以历史预算作为参考的前提是作为参考的历史活动本身的效果已得到认可。当消费者趋势、竞争环境、媒体价格，以及营销的目标发生变化时，营销者应对预算做出相应的调整。

### 7.2.2　任务成本

任务成本是决策者在决定预算时需要考虑的要点之一。这种方法首先要求管理者根据营销目标列出下一年要做的所有任务，这些任务必须是具体执行的工作。然后，在计算实现每项工作所需的成本后，将所有估算的成本加总，就得出了营销预算。比如，在 7.1 的案例中，邀请明星进行一次品牌直播的费用是 100 万元，这是与明星团队商讨后的固定金额，基本不会改变。视觉陈列中安排一个橱窗，与广告公司协商后约定为 30 万元。以及不同媒介的投放费用，也可以根据目标曝光量和曝光成本推算出花费。将所有任务的预计成本加总，得到的总和为 2 600 万元，即此次营销计划的总预算。简单来说，这种方法得出的营销预算就是成本的总和。许多营销专家认为，它将预算成本与目标任务结合，既有逻辑性又较为准确。但难以避免的是预估的成本存在一定程度的不确定性，并且对于大集团公司来说，为成百上千种的品牌产品制定任务成本预算，耗时耗力巨大。因此，是否运用这种参考模式，也要视企业情况和可操作程度来定。

### 7.2.3　销售额百分比

预算占总销售额的百分比也是大多数品牌企业在设定预算时会参考的信息。为了维持一定的市场声量，一些品牌会规定以不低于总销售额的某个百分比作为年度的营销预算。这种方法的核心是找到合理的百分比。一个必须考虑的因素是商品的成本和定价政策。如果一个品牌的生产成本为 100 元，而售价为 300 元，那么它就有相当大的利润空间用于营销，品牌也有意愿通过较强的营销力度来保持其溢价水平。

行业的一般水平（norm）是确定本品牌营销预算占销售额百分比的重要参考。不同行业的企业，其营销占销售额的百分比有很大的不同。例如，日用快消品的营销传播花费比例普遍较高，约为销售额的 30%~40%；而大众服装对营销传播的依赖程度较低，花费占比只有 4%~6%。表 7.1 显示了部分消费品营销费用占品牌总销售额的百分比。

表7.1　部分消费品营销费用占品牌总销售额的百分比

| 大众服装 | 汽车家电 | 奢侈品 | 日用快消品 |
|---|---|---|---|
| 4%~6% | 15%~20% | 15%~25% | 30%~40% |

销售额百分比的方法存在一个明显缺点，即营销预算将由销售业绩决定。随着销量的增加营销预算也增加，销量减少营销预算也就减少。事实上许多情况下品牌应该增加营销预算来促进销量提升。比如，许多品牌的业务具有地区性。按销售百分比的方法将导致业务开展较好的地区得到更多的营销资源，而一些业务不佳的地区则由于投资不充分而无法发挥其市场潜力。销售额的下降也可能是因为竞争性因素导致的，缩小营销投资可能会导致品牌处于更加不利的竞争局面。又如，在经济下行周期中，有些企业会认为这是抢占市场份额的最佳时期，会战略性地选择加大营销投资。因此，销售额百分比的方法，可以为营销预算的确定提供参考。营销管理还应纳入其他的方法和考虑因素来综合评估预算的合理性。

### 7.2.4  竞争对比

竞争对比是指通过对比品牌与竞争品牌的营销支出来确定本品预算的策略。竞争对比的目的是确保品牌在竞争环境中的声量份额（share of voice，SOV）。一些品牌企业会综合考虑声量份额和市场份额（share of market，SOM）来确定预算。对于市场份额较大的企业来说，其品牌力一般也较强。企业使用等于或低于市场份额的传播声量就能够维持品牌的市场份额。对于一个市场份额小于其竞争对手的品牌来说，设定一个比市场份额更大的声量，才有可能稳定或提高其市场份额。

竞争对比策略也存在一些缺点。过度依赖竞争对手的支出可能导致品牌的预算决策变得被动和产生跟随性，无法充分考虑到市场趋势和品牌长期战略。此外数据的获取可能具有挑战性，现有的品牌营销支出的商业监测数据往往不十分准确。

---

**延伸阅读：市场份额与广告支出的关系**

广告学者约翰·菲利普·琼斯（John Philip Jones）研究发现，市场份额与广告支出之间有密切的关联。广告支出可以帮助品牌提高知名度和销售量，增加市场份额。此外，广告支出还对品牌的利润产生影响，因为广告支出是从销售额中拨出来的一块费用，任何增加广告支出的举动都会直接影响品牌的利润。

一个品牌所需的声量份额与它的市场份额也有着一定的相关性。研究结果表明，市场份额越大的品牌需要的声量相比市场份额反而更小，即大品牌即使用更少的广告支出也能维持品牌的市场份额。由图 7.2 中的曲线可以看到，品牌在 1% ~ 3% 的市场份额范围内的声量超过市场份额的平均值约 5 个百分点，而在 28% ~ 30% 范围内的品牌声量则低于市场份额 5 个百分点。这是因为大品牌已经在市场上建立了良好的品牌知名度，占据了一定的份额，即使没有很多的声量曝光，也会有老客户或者忠诚度较高的消费者持续产生购买行为。小品牌则需要更多的广告投入来增加声量，提升市场份额。

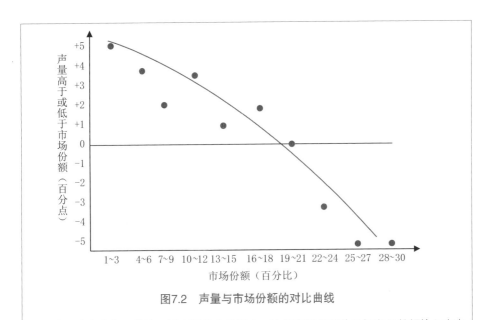

图7.2　声量与市场份额的对比曲线

　　该理论和曲线图常被用于实际的应用当中。决策者将品牌的目标市场份额输入由声量和市场份额拟合出的曲线后，可以推算出对应要做到的声量值。将这一数值交给第三方咨询或监测公司可以直接转换成广告投资预算，从而判定它们的营销预算是否适当。

### 7.2.5　预期目标

　　确定预算的最后一个也是最重要的参考是预期目标。许多企业在进行营销管理时都会设置相应的 KPI 以及一段时间内期望达成的目标，如年度目标。企业根据情况可能将目标设定为消费者心智的提升，如品牌的知名度，也可能将目标设定为消费者行为指标的提升，如总销量、总会员数等。如果我们知道预算水平和目标之间的关系，则可以通过预期的目标反推所需的预算。

　　营销传播的预算水平和目标之间的关系通常可以用响应曲线（response curve）来表示，如图 7.3（左）所示。它反映了市场反应随营销投入的增加而增加的情况。响应曲线通常需要通过专门的调研或基于历史数据的统计模型来得到。这类研究有一定的成本和技术门槛，只有少量有条件的品牌拥有专门的研究团队来开展这类研究，大部分品牌则是委托营销代理公司或第三方咨询公司来完成。

　　同许多其他投资一样，对营销传播的投资也会出现**边际效益递减效应**

（diminishing returns），即追加投资产生的额外效益随着总投资的增加而逐渐降低。在投资水平超过饱和点以后，追加投资不会带来明显的效益。因此，响应曲线上的饱和点也是预算设定时的重要参考点，如图 7.3（右）所示。

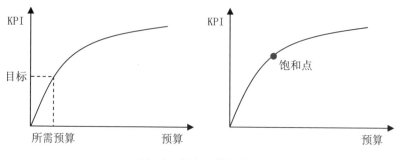

图 7.3　投资预算与效益

## 7.3　预算的分配

一旦确定了营销活动的策略以及整体预算，策划者则需要开始考虑如何将预算合理地分配到各个营销渠道上，以达到最优的整合效果。整合营销传播强调各种传播活动的全面影响要大于各自单独活动所产生的影响。不同的媒体渠道在传播计划中可能扮演了不同的角色，预算分配时需要考虑每个渠道扮演的角色，并评估它们对总体目标的影响。

### 7.3.1　品牌营销和效果营销的比例

一般来说整合营销计划可能会包括两类营销渠道或目标，一类是**品牌营销**（brand marketing），另一类是**效果营销**（performance marketing）。品牌营销的目的是传播 "我是谁，我是什么样的一个品牌，请记住我"。而效果营销表达的是 "快来购买我"。这两类营销渠道的差异见表 7.2。在营销渠道上，效果营销通常是指以天猫、京东、得物为代表的电商平台的广告。这些广告能够高效地触达已经进入购物旅程的消费者，并且能够直接显示广告曝光在销售上的转化率。品牌营销通常是指电商平台以外的广告和传播活动。这些传播活动往往触达了更广泛的消费者，并且一般难以直接通过转化率显示广告的效果。

表 7.2　品牌营销和效果营销

|  | 效果营销 | 品牌营销 |
| --- | --- | --- |
| 目标 | 主要目标是促使消费者采取具体的、可衡量的行动，如购买或注册一项服务。这一方法以结果为导向，侧重于产生即时的转换和销售 | 主要目标是建立一个强大的、可识别的品牌认知和声誉。营销人员专注于与消费者建立情感联系，并将品牌与竞争对手区分开来 |
| 时间跨度 | 效果营销更注重短期的销售和转化结果，因此预算分配通常是针对特定活动、季度或销售周期进行规划和分配 | 品牌营销是一个长期的过程，需要持续投入和保持品牌影响力，因此，预算分配通常是持续性的，并且在长期范围内进行规划和分配 |
| 内容 | 效果营销的内容更注重产品的特性、功能和优势的传达。通常通过精准广告投放、促销活动、搜索引擎营销等直接的推广手段进行传播，以触达目标受众并激发其购买行为 | 品牌营销的内容更注重品牌的核心价值、品牌故事和品牌个性的传递。通常通过多种渠道和媒体进行传播，以故事性和情感性的内容来吸引和留住消费者的关注 |

　　预算分配的一项重要决策是确定品牌营销和效果营销在计划中的比例。这一比例应主要根据营销传播的目的来确定。一个围绕节假日或销售旺季以促销为目的的传播活动显然应将更多的资源投入效果类营销中，品牌营销在计划中起到造势和引流的作用。一个以传播品牌形象为目的的传播活动则应着重品牌营销，效果类营销的比重能满足维持品牌在电商上的必要声量即可。品牌本身的情况也是考虑品牌营销和效果营销的比例时应注意的问题。如处于领导地位的品牌，应更重视品牌价值的保持，慎重地使用效果类营销和促销降价等手段。品牌面临的竞争环境也是重要的考虑因素之一。

　　近年来，营销从业者注意到越来越多的品牌把注意力放在效果营销上。这是因为效果营销能够明确地显示转化率等数据，这在向管理者汇报结果时具有很大优势。这其实是一种片面的认知。难以获取数据并不能和没有效果画等号。事实上许多媒体公司的高管们也开始意识到，过于注重效果营销，品牌逐渐失去了"叙事"的部分，流失了品牌在消费者中的认知。这在短期内可能看不出有什么坏处，但长此以往，品牌将失去在竞争市场中的差异化属性和溢价的能力。不断以牺牲长期品牌建设为代价而获得的转化效果，将会造成严重的不平衡和发展危机。因此，在品牌营销和效果营销之间找到一个平衡点，对品牌的发展和长期成功至关重要。

### 7.3.2 多渠道的分配

在确定品牌营销和效果营销的投资比例后，营销计划的决策者可能会面临同一目标下多个渠道或平台的选择和分配问题。比如优酷视频、爱奇艺、腾讯视频、哔哩哔哩等视频网站常常出现在同一个媒体计划中并扮演类似的角色。如何在这些类似的渠道中分配预算？投资回报最大化原则是对这一问题的解题思路。在有限的资金下，预算的分配会影响人群的覆盖面，以及对他们的态度和行为的影响。对某个渠道过多或过少的投资都会影响这个渠道的投资回报以及活动总体的投资回报。

前文在确定计划的整体预算时提到了投资回报和边际效益递减的概念。在多营销渠道的情况下，每个渠道的回报和边际效益递减现象也能为预算分配提供依据。如果品牌能够估计营销计划中的每个渠道的投资回报率和边际效益递减情况，那么决策者显然可以给高投资回报率的渠道，以及边际效益递减发生较慢的渠道分配更多的预算。

下文以一个两渠道的简单案例（图7.4）来说明如何使用边际投资回报率确定预算的分配。左边是某品牌当前在两个不同渠道上的预算分配情况。显然在这个分配方案下，渠道 A 的边际投资回报率远高于渠道 B（A 切线斜率高于 B 的）。此时如果增加渠道 A 的投入并减少渠道 B 的支出将产生更大的总体回报。因此，这个变动的方向将带来更优的结果。当渠道 A 和渠道 B 的预算分配达到相同的边际回报率时，整体的营销投资回报率也将达到最大。

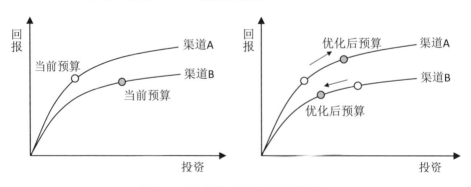

图7.4　边际投资回报率确定预算分配

显然，我们并不是在一个二元的、只有两个渠道的市场中运作。纵观线上和线下的营销渠道，有无数种可能的营销组合。在实践中，媒介代理公司常使用自己开发或从第三方购买的分析工具来解决多渠道预算分配问题。品牌也常使用自己的数据来开发投资回报统计模型和定制化的预算分配工具。

需说明的是，以投资回报率思想为指导的预算分配，不一定需以销售额作为目标变量。销售、留资、到店、浏览等行为指标，认知、考虑、喜爱等消费者心智指标，传播活动的总触达率（total reach）、曝光触达率（N+reach）等被动指标也可以作为目标变量。总之，预算分配的一个重要原则就是通过多渠道的组合，以最少的花费得到最大的回报，这个回报可以是根据营销目标设定的任何指标。

---

**访谈：如何选择和分配媒介预算？**

（访谈对象：虞晨茜，阳狮集团媒介策划总监）

**问：能否简单介绍一下媒体策划总监的职责？**

**答：**一句话概括就是带领团队根据广告主的活动目标完成客户的媒介资源投放，类似于一家餐馆的主厨。和厨师炒一盘菜一样，媒体好比是食材，而媒体的选择和组合是烹饪方式，即便是同一食材，不同的烹饪方式最后呈现的菜品口味可能也会截然不同。

**问：您如何帮助广告主选择适合的媒介？**

**答：**做生意最重要的就是在对的时间找到对的人。广告主为什么要做广告？就是希望目标消费者能对品牌和产品有一定的认知和理解，甚至是认同和买单，这样在做消费决策时会优先考虑购买。那从这个角度出发，适合的媒介选择最为重要的就是找对人，目标消费者在哪里我们就往哪里投，花最少的钱找到最多的用户触达点。

**问：您如何看待品牌营销和效果营销？**

**答：**品牌营销赚的是未来的钱，效果营销赚的是当下的钱。两者各有优势，应相辅相成，从预算分配的角度来看，最合理的方式是在兼顾品牌认知的同时增加导流转化购买方式，也就是市面上大家一直说的品销合一。据观察，美妆类品牌普遍有增加品牌营销预算占比的趋势，广告主越发重视品牌价值的体现，尤其是国货品牌在品牌建设上下了很多功夫，对国际品牌的市场占有率带来不小的冲击。

**问：您如何给不同的媒介分配预算？**

**答：**这个问题就好比你问一个厨师他的私房菜是如何烹饪的，其中的门道展开可能三天三夜也说不完（夸张了）。简单地回答，那就承接上一个问题，不同的活动因其活动目标不同，在做预算分配时，品牌营销和效果营销的媒介选择占比也会不同。譬如在做"618"/"双十一"这一类电商活动时，预算分配就会更侧重于购买转化高的媒介形式，如信息流类型的广告。当遇到新品上市类的活动时，品牌营销则是大头，预算分配更应该倾向于大曝光点位，如户外广告/OTT广告，需要在短时间内迅速占领消费者心智，提升品牌的声量，打造品牌产品的知名度。

## 7.4　媒体计费与媒体量

在整合营销计划中可能存在多种媒体上的广告，如广播、电视、印刷媒体（报纸与杂志）、互联网，以及其他社交媒体等。这些媒体上的广告位是作为商品进行出售的。这一特殊商品的购买数量称为**媒体权重**[1]（media weight）。在营销计划中，有时需要将每个媒体分配的预算所购买的媒体权重展示出来。如果这一计划是由第三方代理公司来完成的，展示预算分配所购买的媒体量则更为重要。这是因为对广告媒体的议价能力也是品牌方选择代理公司的条件之一。媒体权重的计算涉及媒体计费的方式，这些计费方式一般由买卖双方约定俗成，没有完全统一的标准。在数字媒体时代，媒体计费方式一般有以下几种。

**千人印象成本**

随着社交媒体的飞速发展，以广告在媒体中的曝光量（impression）作为衡量媒体量的形式已经成为主流。千人印象成本（cost per impression，CPM）则是对应的计费方式，即一则广告被1000个受众看到所需的花费。CPM的计算公式为：

$$CPM = 广告费用 \times 1000 \div 曝光量$$

假设一条5秒钟的开屏广告想要在社交媒体上投放到全国范围，在抖音上的广告费用要150万元，而在微博则要200万元。一开始你可能会认为在抖音投放

---

1　媒体权重是media weight的中文翻译，是指所购买的媒体的数量。这一翻译较容易让不熟悉的读者误解为百分比。但由于其已成为约定俗成的说法，本书沿用这一表述。

广告比较划算，因为在同样时段它的广告费用相对低廉。但决策者还必须知道在广告播发时每个媒体的曝光量是多少。假设抖音在 150 万元的广告费用下能够产生 1 亿的曝光量，微博在 200 万元的广告费用下产生的曝光量为 2 亿。具体 CPM 计算如表 7.3 所列。

表 7.3　不同平台的千人印象成本

| | 抖　音 | 微　博 |
|---|---|---|
| 5 秒开屏广告费用 | 1 500 000 元 | 2 000 000 元 |
| 曝光量 | 100 000 000 人 | 200 000 000 人 |
| CPM | 1 500 000 × 1 000 ÷ 100 000 000=15 元 | 2 000 000 × 1 000 ÷ 200 000 000=10 元 |

　　从两者的比较来看，同样一则广告在微博投放比在抖音投放更有价值，前者的 CPM 比后者的 CPM 要低。当然，一般情况下，媒体方会提供每个广告形式的标准 CPM。但品牌主在投放一段时间广告后产生的实际 CPM 可能会与媒体 CPM 有所差异。假如实际 CPM 高于媒体 CPM，决策者可能需要考虑减少这类媒体形式的预算投入，或者通过传播内容上的改进来降低 CPM。

### 单位反应成本

　　任何营销传播计划的最终目标都是使目标消费者按照某种方式做出反应。因此，最好的方法之一是比较不同媒体的成本效益。无论什么媒体类型，都应以单位反应成本（CPR）为基础，即用广告费用除以反应数量。这里的反应可以是点击量，那么衡量媒体量的指标就是广告费用所能购买到的点击量，对应的计费方式是单位点击成本（CPC）；反应也可以是参与度（转赞评数），那么衡量媒体量的指标就是广告费用所能购买到的参与度，对应的计价方式是单位参与成本（CPE）；反应还可以是获客量、购买数等消费者在看到广告后的行为，这些行为的数量都可以作为媒体量，而选择哪种方式就看是依据广告主的目标。举例来说，假如一个服装品牌在时尚杂志上做广告花费了 1 000 元，30 000 个家庭中凡有订阅或购买该报纸的人都看到了该广告，但是在这 30 000 个家庭中只有 5 000 个是潜在消费者，那么明显一大半的广告费用是浪费了的。在这 5 000 个潜在消费者中，只有90个消费者在看到杂志之后做出了反应，如进店消费、向身边人宣传等。由于无效的触达太高，在品牌决定不在当地杂志上做广告之前，有几个问题需要思考：广告产生了多少反应？每个反应的成本是多少？其他媒体是否更具有成本效益？第一个问题的回答是90个家庭做出回应。第二个问题的回答是将广告成本1 000元除以反应数90，约为110元。那么，这则广告的单位反应成本是110元。如果要比较这则广告在报纸上投放与在其他媒体上投放有什么区别，可以比较其他媒体方提供的CPR大小，单位反应成本低的媒体能够在同样的预算费用下购买到消费者更多的反应。

### 单位时间成本

单位时间成本（CPT）也是广告和媒体行业中的一种常见计费方式，用于确定广告主在特定媒体上展示广告一段时间所需支付的费用。与其他计费方式相比，CPT更加注重广告在媒体上的投放时长。在采取CPT的计费形式中，广告主和媒体之间通常会协商一个固定的广告播放时间，如30秒、60秒或更长。广告费用将根据这段时间的长度来确定。这种计费方式特别适用于电视、广播、影院广告以及一些数字媒体平台的开屏广告，因为它们都涉及将广告在特定时间段内进行展示。

CPT计费方式对于广告主来说有一定的优势。首先，他们可以更好地控制广告投放的时间，可以选择在目标受众观众最多的时段进行广告播放，以获取更高的曝光率和广告效果。其次，CPT方式适用于那些希望在特定时段内进行推广活动的广告主，如季节性销售促销或特定活动的推广。然而，CPT方式也存在一些潜在的限制。由于广告费用与时间长度相关，CPT计费可能在一些场景下变得昂贵，特别是在高收视率的广播电视节目或高曝光率的社交媒体广告点位中，如一般辐射到全国范围的微博开屏广告一天就要上百万元。广告主需要权衡广告的展示时间与预算，以确保获得最大的回报。

### 其他计费方式

除了广告媒体以外的其他营销渠道，如促销、公关、CRM等，也要考虑其预算成本。不像广告有多种可视化数据来推算花费，其他渠道的计费方式不尽相同。例如，公关团队普遍采用固定计费和按帖计费的方式来确定与明星达人的合作费用。固定计费适用于长期合作或复杂项目，是由双方事先商定一个固定的金额，可能包括明星一整年的品牌活动费用，如广告拍摄、账号宣传等。按帖计费则更适用于与社交媒体 KOL 达人的合作，通过按照每条发帖或每次推广活动收费，可以更精准地控制预算。

此外还包括与特定活动直接相关的费用，如活动场地租赁、物料采购、活动人员工资等。同时，还需要考虑到间接成本，这些费用可能与多个营销活动相关，因此，需要通过合理的分摊方法来确定每个活动的间接成本。除了金钱成本，还要注意到活动消耗的时间和人力资源，这些无形的成本也会对预算产生影响。在确定各个渠道的预算后，要对这样分配后可能产生的营销效果和回报进行评估，反过来优化预算分配，使得每个渠道的预算投入都能达到最大边际效益，再结合战略目标，以实现整体战术的最佳投资回报率。

## 7.5　排期

传播计划中的时间安排被称为排期（schedule），排期的目的是使传播的内容以合适的节奏在合适的时间被投放出来。排期对于营销目标的实现十分重要。特别是对于季节性商品的推广和节假日的传播活动，传播的排期具有相当大的策略性。

### 7.5.1　时间节点的确定

许多品牌会制定营销日历（marketing calendar）来标记重要节日和关键事件。如春节、情人节、各种节气，以及"双十一""618"等电商节。营销日历的意义在于能够将一个月，或一季度，或一整年内的重要营销活动整合在一个文件中，便于营销策略的制定和不同组织间的协同。通过提前规划活动的时间节点和内容，品牌能够更好地安排资源，合理分配预算，确保营销活动有序展开。营销日历需将品牌活动、重要节点、社交媒体推广等各种营销要素综合考虑，确保不同活动之间的协调性和一致性。表 7.4 展示了某品牌某年 9 月的营销日历。

表 7.4　某品牌某年 9 月的营销日历

| 9月营销日历 | | | | | | |
|---|---|---|---|---|---|---|
| 周一 | 周二 | 周三 | 周四 | 周五 | 周六 | 周日 |
| | | | | 1<br>开学季 | 2 | 3<br>抗战胜利纪念日 |
| 4 | 5<br>中华慈善日 | 6 | 7 | 8<br>白露<br>国际扫盲日 | 9<br>99聚划算<br>世界急救日 | 10<br>教师节<br>世界预防自杀日 |
| 11 | 12<br>示爱节 | 13 | 14<br>相片情人节<br>中国网民节 | 15<br>国际民主日 | 16<br>国际臭氧层保护日 | 17<br>世界骑行日<br>世界清洁地球日 |
| 18<br>九一八事变纪念日 | 19 | 20<br>全国爱牙日 | 21<br>国际和平日<br>世界阿尔茨海默病日 | 22<br>世界无车日 | 23<br>秋分 | 24 |
| 25<br>世界药师日 | 26 | 27<br>世界旅游日 | 28<br>孔子诞辰日 | 29<br>中秋节<br>世界心脏日 | 30<br>迎国庆 | |

　　填充一份营销日历需要根据不同节点的特性来选择适合的营销手段。例如，商品换季可能需要主动触达广泛的消费群体，电商节可能需要通过促销组合来实现转化，行业展会期间则可能需要品牌建设来加大品牌认知度等。此外，也要考虑品牌产品的属性和目标需求。对于服装品牌来说，抓住那些具有服装要求的场景或季节节点，如情人节、七夕、开学、春节是十分重要的策略。假如表 7.4 的营销日历应用于某运动户外品牌，那么品牌可能要关注 9 月 17 日的世界骑行日以及 9 月 27 日的世界旅游日，这对于运动行业可能会是一个重要的节点。假如品牌有通过展示企业社会责任来增加品牌力的想法，那就可以关注 9 月 5 日的中华慈善日、9 月 17 日的世界清洁地球日或 9 月 29 日的世界心脏日等来展开相应的活动。最后需要注意的是，除了关注哪些节点适合做营销活动，也要注意哪些节点不适

合做营销活动。比如，9 月 18 日是九一八事变纪念日，如果要在这一天开展娱乐性的促销活动显然不合适。

### 7.5.2 排期的集中度问题

排期的集中度是指将媒体投放集中于较短的时间内还是分布在较长时间段内的策略选择，这两种策略各有其优缺点。分布式策略使品牌在一段较长的时间内不断输出传播内容，与目标受众保持持续的联系，一定程度上会降低消费者的记忆遗忘风险。它不会有时间上的空缺，保证了品牌的声音持续存在，因而这种模式着重于建立长期的品牌影响力和客户忠诚度。但在预算有限的情况下，分布式的策略难以保证品牌在所有时间内都发出足够的声量，可能造成冲击力不足，并被竞争对手攻击的情况。

集中式策略将营销内容安排在一个特定的时间段内集中投放，以增加短期的曝光度和影响力。这种策略常在产品集中于某一季节或者节假日的销售时使用。许多服装品类的推广具有极强的季节性，如防晒衣在夏季推广，羽绒服在冬季推广。集中式策略可能是合适的选择。但需要注意，过度的集中可能导致用户重复看到相同的信息，反而降低了他们对营销内容的关注和反应。因此，具体在实践中，采用何种排期方式能够产生最大的效益，需综合考虑多种因素。以下列出了一些影响排期集中度选择的考虑因素。

**季节性**（seasonality）：对于销售季节性变化不明显的产品，分布式策略可以维持一定的广告接触和品牌知名度。对于销售季节性非常明显的商品，集中式排期可以在必要的时间节点提供销售支持。

**购买周期**（purchase cycle）：营销传播可以起到提醒购买的作用，因此，内容的触达与消费者购买产品的时间越接近，起到的作用越大。日用快消商品经常选择分布式策略，以便随时触达即将购物的人群，维持品牌在竞争环境中的声量份额。

**产品上市周期**（product life cycle）：在产品的上市阶段，通常需要集中度较高的排期，使用大量而密集的传播使商品的信息迅速到达消费者。当产品已经处于成熟阶段时，则只需维持一定的接触即可，选择分布式策略可能较为合适。

**竞争对手的策略**（competitor strategy）：对于成熟的商品品类，竞争对手的策略也常常带有很强的规律性。如果竞争对手集中媒体投放于特定时间段内，可能会导致该时段资源供应紧张，广告位和媒体可能相对较贵。采用错峰战术，在对手声量较小或媒体投放费用没那么高昂的情况下进行集中式投放不失为一种策略选择。

### 7.5.3　项目的节奏

节假日等销售旺季的促销活动是许多品牌最重要的营销传播项目。许多品牌会将整个项目分成几个阶段，如预热期、推广期和跟进期。

**预热期**（warm up period）是在正式推广之前，提前宣传和营造活动氛围的阶段。在这个阶段，品牌会通过各种渠道和媒体提前宣传活动的信息，引起受众的关注和兴趣。预热期的时间通常为数天到数周，具体取决于活动的规模和重要性。预热活动通常采用活动预告、故事营销、社交媒体引爆等营销手段。活动预告通过社交媒体、官方网站、电子邮件等途径提前宣布活动的时间、主题和特色，吸引目标受众的注意和好奇心。故事营销通过情感化的故事或背后的品牌故事，增加品牌吸引力和影响力，使受众更容易产生共鸣和关注。社交媒体引爆则是借助社交媒体平台发布预热内容，通过有趣的话题和互动吸引用户参与和分享，扩大活动影响范围。

**推广期**（promotion period）是活动的主要阶段，也是活动的高峰期。在这个阶段，品牌会全面展开活动的推广和宣传，通过各种渠道和媒体广泛传播活动信息，吸引更多的目标受众参与和购买。正式推广期的时间根据活动类型和目标受众的行为习惯而定，可以持续数天到数周不等。推广期通常采用广告宣传、促销优惠、线上线下活动等营销手段。广告宣传是指增加广告投放，包括线上和线下广告，提高活动曝光度，吸引更多潜在客户的关注。促销优惠是指通过如折扣、满减、赠品等手段，激发购买欲望，促进转化。线上线下活动则是组织线上和线下的活动，如线上抽奖、线下试穿体验，以增加用户互动和参与。

活动后期的**跟进期**（follow up period）是确保活动效果持续发挥的不可忽视的一个阶段。在这个阶段，品牌会继续与消费者保持互动，通过跟进活动结果、回馈客户和维护客户关系，提高顾客忠诚度和品牌认知度。跟进期的时间通常会持续数周到数个月，直至品牌进入下一轮活动的准备阶段。跟进期通常采用个性化营销、客户关系管理、快速响应等营销手段。个性化营销根据用户的行为和兴趣，进行个性化的营销推送，提供更加针对性的优惠和推荐，引导用户完成购买。客户关系管理通过电子邮件、短信等方式，与潜在客户保持持续沟通，回答问题，提供专业建议，增加其购买决策的信心。快速响应则是及时响应潜在客户的咨询和购买意愿，提供便捷的购物流程和售后服务，提高用户满意度和购买意愿。

除了上述时间节点，还有些活动可能会设置提前购买期或预约期，鼓励消费者提前参与和预订。此外，对于长期持续性的营销活动，品牌可能会设置不同的阶段和周期，以持续地吸引消费者的关注和参与。总体而言，营销活动的时间节点的设置需要根据品牌的目标、活动类型和目标受众的行为习惯进行合理规划，以确保活动能够取得最佳效果。

# 7.6　制定测量计划

品牌每年在营销传播上的花费可能占其整体营收的不少比例，因而每个公司的管理者都会问：我们的营销费用花得成功吗？我们做了这么多的营销举措是否推动了企业的增长？未来我们的营销应该如何调整？回答这几个基本问题需要来自多个平台和组织的大量数据，而且可能需要几个月的时间来进行分析。这就要求营销的管理者制定一个**测量计划**（measurement plan）来作为测评的基础。

## 7.6.1　测量计划的必要性

测量计划是整合营销计划过程的最后一步，也是下次营销计划过程的第一步。没有适当的测量计划，就没有办法知道在下次营销活动时如何进行调整和改进。在实施多渠道营销方案时，测量计划更加必要。虽然项目的总体目标是唯一的，但每个渠道在实现该目标时可能发挥不同的作用。测量计划使我们更加精准地了解各个渠道的表现和贡献，对渠道组合进行改进和优化，从而更有效地实现总体业务目标。以下概述了制定测量计划的意义所在。

（1）目标明确。测量计划能够帮助营销人员明确营销活动的目标。通过设定具体、可衡量的指标和目标，营销人员能够更清楚地知道活动的期望结果，并将所有成员的工作方向与目标保持一致。

（2）评估绩效。测量计划提供了评估营销活动绩效的标准。通过收集和分析数据，营销人员可以准确地衡量活动的成果，并了解活动是否达到预期效果。

（3）优化决策。基于测量计划所得到的数据和指标，营销人员可以做出更有针对性的决策。数据支持下的决策更加客观、准确，有助于优化活动策略和资源配置。

（4）确定成功因素。测量计划有助于识别哪些因素对营销活动的成功起关键作用。通过了解不同因素的影响，营销人员可以重点发展和优化具有较大影响力的策略和手段。

（5）证明价值。测量计划提供了数据支持，可以证明营销活动对业务的实际价值和投资回报。这对于向管理层或投资者展示活动的效果和价值至关重要。

（6）预测和规划。通过测量计划，团队可以通过历史数据和趋势分析，预测未来的市场走向和营销活动的效果。这有助于制定更有效的整合营销策略和计划。

综上所述，为营销活动制定测量计划是确保活动成功和效果评估的重要步骤。通过明确目标、设定指标和收集数据，营销人员可以更好地了解活动绩效、优化决策，并基于数据做出具有战略性的决策，从而提高营销活动的成功率和效果。

### 7.6.2　测量框架

测量框架是整个测量计划的基础，它提供了一个结构来评估营销活动的效果，帮助我们确定哪些方面需要进行测量和监测。一个常用的框架是营销漏斗（marketing funnel）模型（图 7.5）。现实中运用较为成熟的是营销漏斗模型，它描述了潜在顾客与品牌逐渐建立关系的过程。营销漏斗模型通常包括以下几个阶段：

**认知**[1]（awareness）。在这个阶段，潜在顾客对产品或品牌的存在和相关信息产生了意识。他们可能通过广告、口碑、搜索引擎等途径了解到产品或品牌的存在。

**兴趣**（interest）。在这个阶段，潜在顾客对产品或品牌产生了兴趣，开始主动

---

1　awareness 表述为意识更准确，与认知对应的概念应为 perception。由于行业内已习惯性地将 awareness 称为认知，这里沿用这一习惯性表述。

获取更多的信息和了解更多相关内容。他们可能会访问网站、参加活动、阅读产品评论等。

**意向**（intent）。在这个阶段，潜在顾客对产品或品牌产生了购买的意向，开始比较不同的选项，并评估它们是否符合自己的需要和偏好。他们可能会比较价格、阅读用户评价、将商品放置于购物篮等。

**购买**（purchase）。在这个阶段，潜在顾客做出购买决策，完成实际的购买行为。他们可能通过线上、线下、电话订购等方式进行购买。

**忠诚**（loyalty）。购买完成后，营销漏斗模型还包括忠诚阶段。在这个阶段，品牌希望保持顾客的满意度，通过提供良好的服务和支持，促进顾客的重复购买和忠诚度。

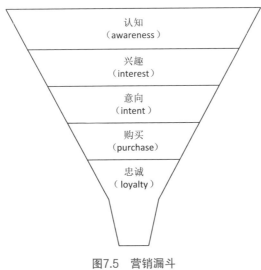

图7.5　营销漏斗

### 7.6.3　测量指标

根据测量框架，营销人员可以对应不同的阶段确定**关键绩效指标**（KPI），这些指标是衡量营销活动效果的核心指标。KPI 应该与业务目标和营销目标密切相关，并能够量化和衡量想要达到的结果。例如，对于认知阶段，你可以选择广告曝光量、品牌知名度等作为 KPI；对于购买阶段，销售数量、转化率等可能是关键的 KPI。

诊断指标（diagnostic metrics）也是评估营销效果的重要部分。诊断指标提供了更详细的信息，帮助我们理解为什么某些指标达到或未达到预期。这些指标包括用户行为数据、调查反馈、市场研究结果等。通过分析诊断指标，营销人员可以找到调整和优化营销方案的方向。

KPI 主要关注业务的总体绩效，帮助管理层了解业务是否朝着预定目标前进，并提供有关业务成功与否的高层次视角。诊断指标更关注业务绩效背后的因素，以及这些因素如何影响业务的绩效。它们帮助业务决策者深入了解绩效数据背后的故事，并提供更具体的信息用于问题解决和优化。表 7.5 列出了一些关键绩效指标和它们对应的诊断指标。

表 7.5　关键绩效指标和对应诊断指标

| KPI | 诊　断　指　标 |
| --- | --- |
| 品牌认知度 | 触达、目标到达百分比、平均频率、SOV/SOS、同比增长率 |
| 参与度 | 完成浏览量、点赞数、评论转发数、互动率 |
| 点击率 | 品牌在创新、设计、功能和相关性等多个维度上的得分 |
| 转化率 | 用户量、每个用户的交易量、页面停留时间、平均访问数、跳出率 |
| 品牌忠诚度 | 活跃用户、流失率、净推荐值、忠诚度评分、满意度评分和推荐可能性 |

设置关键绩效指标和诊断指标时，有一些原则需要注意：

（1）目标对齐：确保指标与营销目标和组织战略保持一致。它们应直接衡量和反映实际目标的实现情况。

（2）可行性：选择能够量化和测量的指标，可以通过可靠的数据源进行收集和监测。

（3）相关性：确保指标与业务结果相关，并能提供有关营销活动效果的有意义的信息。它们应能够直接或间接反映营销活动的影响和绩效。

（4）明确性：确保指标的定义清晰明确，以免引起歧义或不准确的解读。定义应该具体、可操作，并在整个组织范围内得到统一理解。

（5）可比性：如果可能，确保指标可与过去的数据进行比较，或与行业标准进行对比。这有助于评估进展和效果，并进行趋势分析。

（6）平衡性：选择一组全面而平衡的指标，涵盖不同方面和阶段的营销活动。避免过于依赖单一指标，而忽略其他重要的绩效衡量。

（7）可操作性：确保指标具有实际操作的意义，并能为决策和行动提供有用的信息。它们应能够帮助识别问题、发现机会和制定改进策略。

（8）更新和迭代：关键绩效指标和诊断指标并非静态的，随着业务和市场环境的变化，需要进行更新和调整。定期评估和优化指标，以确保其仍然适用并能提供有价值的信息。

---

**延伸阅读：测量计划中几个易混淆的概念**

在营销实践中，有几个容易混淆的概念常常导致人们对测量结果做出错误的解读，包括概念与指标、相关性与因果性、过程与结果等。

**概念与指标**

概念是指我们需要测量的事物，它们通常是抽象的、主观的，通常用于理论建构、研究框架和概念模型的发展。指标是对概念的实际测量和量化，基于具体的观测或数据。例如，我们要评估一个小红书帖子给品牌带来的影响，在实操中营销者常常会使用帖子带来的转发、点赞、评论等来测量帖子带来的效果。但实际上品牌心智可能是广告主真正关心的事物，而这个帖子产生的转发、点赞、评论则是测量这个事物所使用的指标。

**相关性与因果性**

相关性（correlation）是两个变量同时向相同或相反的方向变化的趋势，可以用数学的方法来表达。因果性（causation）则描述的是一个变量对于另一个变量的因果影响，而不仅仅是它们之间有数学上的相关关系。因果性的推断需要更多的方法和假设，并不能仅仅通过计算相关性来确定。

一个在营销效果评估中常常使用的指标是广告的转化率。理论上，这一指标只能代表广告曝光和点击或购买之间存在相关关系，并不是对它们之间的因果关系的测量。比如，会有许多本来要购买的消费者恰巧碰到该广告曝光，这一可能性在电商平台尤为突出。因此，我们不能直接将转化率乘以预算来得到未来的销量。

**过程与结果**

消费者的决策是一个过程，营销传播的目标常常是影响这一过程，但未必能直接影响最终结果。营销能产生的影响更多的是让消费者产生相关的认知，改变消费者的态度，促使消费者做出有利于本品牌的决策。因此，营销测量计划在设置关键绩效指标时需十分注意过程与结果的区别。

例如，一个服装品牌公司为推动春夏新品上市的销量进行了一个多渠道的品牌推广活动。营销人员使用了社交媒体广告、线下店铺海报及限时折扣等多种手段。虽然活动的总目标是推动销量，但传播计划中的社交媒体广告的目的是扩大消费者认知，因此，评价这项投资的效果应以广告的触达和消费者认知提升为主，而不应直接测量其销售转化率。

### 7.6.4　测量方法

测量指标的确定需充分考虑数据获取的可行性。许多指标的测量会带来较高的成本。下文介绍几个常用的测量方法和数据来源。

**广告服务器的行为追踪**

广告服务器（ad server）是指专门用于数字媒体广告内容投放的服务器，它是媒体（publisher）、广告商（advertiser）、广告代理公司（ad agency）与广告网络（ad network）等用来管理与运营线上广告活动的工具。广告服务器通过专门的软件，基于网络的界面进行访问，允许广告商和发布商创建、管理和跟踪其数字广告活动。表 7.6 显示了广告服务器所具备的基本功能。

表 7.6　广告服务器的功能

| 项目 | 具 体 功 能 |
|---|---|
| 上传广告创意 | 支持所有标准创意尺寸和 IAB（interactive advertising bureau，互动广告局）格式，如文本、图片、视频、动画、音频、游戏、互动、原生、富媒体（rich media）、App 广告等 |
| 活动安排 | 确定广告活动的运行日期 |
| 自动优化 | 选择表现最佳的广告并提供更多广告 |
| 投放速度 | 确定广告曝光的投放频率（均匀或尽可能快） |
| 基于位置的定位 | 按国家、省、城市、邮政编码定位 |
| 技术定向 | 向网页、手机、平板电脑或电视屏幕投放广告，并提供各种操作系统和跨设备定向 |

| 项 目 | 具 体 功 能 |
|---|---|
| 时间定位 | 在一天中用户最活跃的特定时间段投放广告 |
| 人口定位 | 重点关注年龄、性别、收入、就业状况等 |
| 行为定向 | 根据消费者的在线行为、搜索历史和兴趣锁定目标消费者 |
| 重定向 | 分析消费者过去与品牌的互动情况，并展示在线广告，以吸引更多关注，引发更多互动，如点击、订阅和购买 |
| 搜索引擎优化（SEO） | 允许关键词竞价，确保广告出现在搜索引擎结果页面上 |
| 创意排序 | 允许设置广告出现的特定顺序，通常是在相同的创意概念下 |
| 频率上限 | 控制在线广告服务——向同一用户展示广告的次数，并将其限制在每小时、每天或指定时间段内 |
| 广告跟踪 | 监测创意内容是否产生预期效果，广告流量是否适当，确保广告内容在正确的时间和地点展示在目标人群面前 |
| 报告 | 提供实时仪表板、通知提醒、自定义报告，并提供如点击、曝光、成本、投资回报率的详细报告 |

　　广告服务器可以实现对每个广告的曝光和后续点击活动进行监测回收，主要数据包括广告曝光（impressions，产生的广告接触次数）、触达的用户数量（viewers）、频次（frequency，每个用户的平均接触次数）、点击数（clicks），以及其他行动如浏览商品页面（page views）、放入购物篮（baskets）及购买（purchases）。这些信息可以被用于计算转化率（conversion rate）和单位反应成本（cost per response）等用于评估广告效率的指标。

　　除了以上基本数据和指标外，每个渠道还是会有额外的指标需要关注，如视频类广告需要看广告的完全播放率（completion rate）和每次完成观看的成本（cost per completion）、社交媒体需要看参与度（engagement，转评赞的数量）和口碑（buzz volume，positive and negative buzz volume，如热度提及和热度情绪反应）等。这些指标也常常用于评估特定渠道的广告效果。

　　基于广告服务器数据进行广告效果评估是一种十分简洁的方法，其数据收集的成本很低，且数据的颗粒度可以非常细，十分适应数字媒体碎片化的特点，是目前数字媒体广告效果评估的主要手段。然而这一方法有很大的局限性。转化率和单位成本反应率是非常粗糙的归因（见前述延伸阅读：测量计划中几个易混淆的概念）。将这些数据进行跨平台对比有可能对营销人员带来误导。甚至同一平台的不同广告位也很难将这些指标进行直接对比。一些数字媒体平台在活动结果汇报中直接将基于转化率的指标和广告投资回报率（ROI）画上等号，这相当于将相关性等价于因果关系，极易使营销人员做出错误的判断。为了解决这些问题，一些第三方研究公司开发出了专门的归因模型（attribution models）来解决服务器数据的归因问题。然而随着消费者个人信息安全方面法律的逐渐完善，这类统计模型在实际应用中受到了很大限制，已经基本被行业舍弃。

但在实际监测中，存在一个难点。由于不同的硬件设备具有不同的屏幕显示尺寸，以及网站通常需要向下（或向右）滚动，并非每个展示的广告都能在屏幕上被完整看见。一些先进的广告服务器可以跟踪广告在用户的活动屏幕中的可见程度，包括广告的可见面积以及可见持续时间。这种检测模式下的KPI一般设定为每个可见曝光的成本（cost per visible impression），仅记录通过定义值的可见曝光，如定义可见广告面积50%以上维持1秒），以帮助广告商更精准地对广告有效曝光进行评估。

---

**延伸阅读：广告服务器是如何运作的？**

广告服务器用于在线营销和程序化广告。你可以把广告服务器想象成一个装载原始创意图形的大型容器：每次用户访问网页或应用程序时，都会获取特定的广告创意，并为广告点位提供信息。广告服务平台是数据驱动型的，因为它们主要是为了存储和服务而设计的，所以积累了大量的数据阵列。然而，随着广告技术的快速发展，如今的广告服务器功能可以复杂得多。

一般来说，广告服务技术涉及以下几个步骤：

（1）当用户访问一个网站或页面时，用户的计算机开始和发布商的网络服务器之间建立 IP 连接，网站开始加载。与此同时，网站上的广告标签也会加载，并调用卖方广告服务器。

（2）发布商的广告服务器收到广告请求后，会立即分析用户的相关数据，如地理位置、语言、一天中的时间、在线行为和人口统计属性（年龄、性别、婚姻状况、就业等）。这些数据也可以从数据管理平台传输。

（3）广告服务器向广告交易所（ad exchanges）发送请求，如果买家对广告空间感兴趣并找到与用户相关的内容，则对其出价。

（4）广告服务器还会检查潜在广告在过去向该特定用户展示了多少次。如果广告显示得太频繁，则会被拒绝。

（5）发布者的广告服务器会处理数百万的买家请求，并在几毫秒内选择最赚钱的广告。然后，它会将浏览器重新定向到营销人员的广告服务器，并从内容交付网络（CDN, content delivery network）获取广告创意。

（6）检索到广告，并在网页上成功下载。这算一次曝光。不管背后有多少请求，广告服务器实现广告选择和广告投放的过程不得超过一秒钟，以保证用户端网站页面的高可视性。

我们概述了广告投放过程是如何由广告服务器组织的，但在实际情况中，广告服务器普遍会与其他程序化平台整合，以发挥更优化的广告投放作用。下文描述了广告服务器与需求方平台（demand-side platform, DSP）和供应方平台（supply-side platform, SSP）集成后是如何运作的。

**广告服务器如何在 DSP 中工作？**

（1）广告请求：当用户访问一个有广告空间可供拍卖的网站或应用程序时，这个过程就开始了。网站或应用程序向 DSP 发送广告请求。

（2）定位和决策：DSP 的广告服务器接收广告请求并评估各种因素，如用户数据、上下文信息和广告商设定的定位标准。根据这些信息，广告服务器决定是否提供相关广告。

（3）出价请求：如果广告服务器确定了合适的广告，就会生成竞价请求。该竞价请求包含用户信息、广告投放位置和定位细节。然后，竞价请求会被发送到多个广告交易平台或 SSP。

（4）实时竞价（RTB）：广告交易平台和 SSP 收到竞价请求后，会在感兴趣的广告商之间进行拍卖。DSP 的广告服务器通过实时提交竞价参与拍卖。

（5）赢得拍卖：如果 DSP 的出价最高，则其广告服务器赢得拍卖。然后，广告服务器会收到中标通知，并将创意资产交付给发布商的广告服务器。

（6）广告交付：DSP 的广告服务器将创意资产发送到发布商的广告服务器，后者再将广告投放到用户的设备上进行显示。

（7）跟踪和测量：在整个广告投放过程中，广告服务器会跟踪曝光量、点击量、转化率以及与投放广告相关的其他关键指标。这些数据用于性能分析、优化和报告。

**广告服务器在 SSP 中如何工作?**

（1）广告请求：当用户访问发布商的网站或应用程序时，发布商的广告服务器会对可用的广告空间生成广告请求。

（2）库存评估：SSP 的广告服务器接收广告请求，并根据广告格式、位置和定位标准等因素评估可用库存。

（3）需求评估：广告服务器与连接的 DSP 进行核对，以确定是否有广告商竞标可用库存的相关广告。

（4）广告选择：如果有来自 DSP 的合适广告，广告服务器会选择最相关、付费最高的广告提供给用户。

（5）广告投放：SSP 的广告服务器将所选广告的创意资产发送到发布商的广告服务器，后者将广告投放到用户的设备上。

（6）跟踪和报告：广告服务器会跟踪曝光量、点击量以及与投放广告相关的其他重要指标。记录这些数据是为了进行报告，并让发布商深入了解其库存的表现。

### 传播追踪研究

传播追踪研究（campaign tracking study）是用来衡量特定营销活动对消费者的影响而进行的专项研究。传播追踪研究主要采用消费者调研（survey）的方法来研究活动对消费者的品牌认知、考虑、偏好等消费者心智指标的影响。

传播追踪研究的原理是对比曝光和未曝光于广告活动的用户在品牌心智上的差异。理论上，如果能够保持曝光和未曝光组用户的同质性，则它们之间在品牌心智上的差异可以归因于广告活动的曝光。

然而传播追踪研究的设计是一个复杂的过程，其过程有一定的局限。首先，广告曝光的测量依赖消费者的记忆，这可能导致结果不十分准确。其次，曝光组和未曝光组的消费者事实上未必同质，因而使用额外的统计方法来弥补两组的差异，这也将影响研究的准确性。最后，研究使用消费者调研的方法，其样本量受到传播活动规模的极大限制，并且调研的成本也很高，这也限制了方法的使用。

尽管该方法存在很多局限，但对于大规模多渠道的传播活动而言，特别是以消费者心智为主要目标的传播活动来说，传播追踪研究不失为一个有用的方法。

**营销组合模型**

媒体类型和销售渠道不断变化，消费者旅程变得越来越复杂，单一活动层面的优化已经不能满足客户诉求，品牌方需要在战略和活动层面形成营销的完整视图，完成营销渠道之间的效率优化，实现最高的投资回报率。营销组合模型（marketing mix modeling）应运而生，它作为一种统计工具来量化各个营销因子的贡献，告诉企业营销投资到底带来了多少回报。图7.6显示了营销组合模型的主要输入变量和模型输出。

构建营销组合模型的过程是复杂的，品牌企业一般会找第三方咨询公司来完成。第一步：团队需要根据业务目标和营销目标确定需要衡量的指标，来作为模型的输入变量。第二步：对这些变量进行数据收集。模型的质量取决于输入数据的质量和所有相关输入变量的覆盖范围。因此，数据收集这一环节是关键。收集数据后，需要对其进行分析。这涉及识别数据中的模式和趋势，并确定各种营销变量之间的关系。统计分析用于确定这些关系的重要性。第三步：构建模型。这涉及创建一个数学方程式，考虑各种营销变量及其对销售和收入的影响。该模型

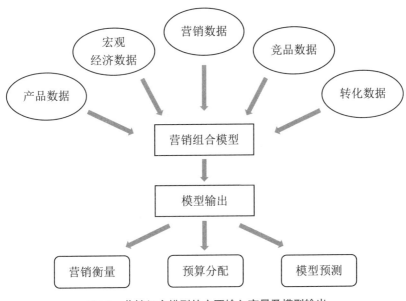

**图7.6　营销组合模型的主要输入变量及模型输出**

需要足够灵活，以适应营销组合的变化，并且应该能够预测这些变化对销售和收入的影响。模型建立后，需要进行测试，将预测结果与实际结果进行比较以确定模型的准确性，根据测试结果进行细化和调整。第四步：实施模型，使用该模型来优化营销组合并提高投资回报率。该模型应用于制定有关产品定价、广告、促销和分销渠道的数据驱动决策。

总之，营销组合模型是一个强大的测量工具，它根据不同营销要素（如电视广告、平面广告、数字营销、定价折扣、贸易促销等）对销售量、收入、利润率或其他相关关键绩效指标的贡献来确定其有效性，为每个特定营销活动或渠道的最佳预算分配提供建议。通过营销组合建模，企业可以获得数据驱动的洞察力，根据给定的各个不同营销渠道的输入来预测未来的转化，从而调整营销组合，实现预计销售目标。

# 第八章　营销传播的管理

　　营销传播工作有赖于品牌公司内部人员的协作，包括跨部门以及部门内部成员的协作。服装产品的季节性特征为营销传播的协作带来了一定复杂性。这需要品牌企业有合理的组织架构和明确的分工。此外由于整合营销传播的工作日趋复杂，为了提高传播专业性，提升业务效率，品牌常常需要采购第三方代理公司的服务，因而涉及对代理公司的管理。本章对服装品牌企业内部和第三方代理公司的组织架构以及跨部门协作等问题进行了讨论。

# 8.1 品牌企业的组织架构与跨部门协同

## 8.1.1 品牌企业的组织架构

品牌企业的组织架构为营销传播活动提供了微观环境。明确营销传播的主体责任部门，以及其他相关部门在营销传播项目中扮演的角色是营销管理的基础。

服装品牌企业的职能部门一般包括营销、产品开发、商品计划、采购、零售等业务部门，也包括财务、法务、其他行政等支撑部门，如图8.1所示。产品开发部门负责品牌新产品的设计和开发。商品部门负责商品的计划，对推向市场的产品的品种、数量、时间做出安排，并根据实际销售对计划进行调整。零售部门负责品牌直营店铺和经销商的管理，也负责产品的季节性促销和库存的清理。近年来，服装品牌企业经营与产品生产的分离使大量服装品牌企业将产品的生产外包给独立的加工型企业，品牌转而设置采购部门，按照商品计划向加工企业下达订单，并对生产过程和产品的质量进行跟踪和控制。

营销部门职责是品牌的传播与推广，其目标是提升品牌的价值，增加品牌的溢价力和穿透力。营销部门通常是传播项目的责任部门，是项目的发起者，负责项目的预算、计划、执行和管理。

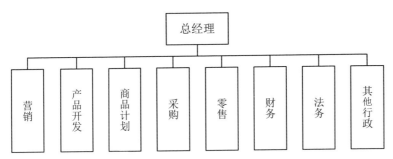

图8.1　服装品牌企业常见组织架构

### 延伸阅读：运营模式对企业架构的影响

服装企业根据其货源方式的不同，可以划分为订货制、买手制、混合制以及快反模式四种运营模式。这些模式会导致品牌的企业架构产生相应的变化，例如，买手制的品牌将不存在生产部门，并且由于采购的货源工厂众多，品牌对于其供应链部门规模，及其处理运输、质量监管等业务功能的要求也会更加多元。

**期货制／订货制**

品牌的产品生产由品牌负责，生产订单可能由商品部门与设计部门进行产品组合、款样设计后下达，并交由企业的生产部门或合作的外包生产工厂。生产部门或工厂提前3至9个月开始订单的生产。期货制是服装品牌常采用的一种传统货源模式，此种模式有一定的缺陷，如品牌服装容易被仿版、期货过长导致的货量灵活度低等。货量灵活度低容易引发库存积压问题，可能需要通过促销手段及奥特莱斯店铺等渠道消解积压的库存。在采用期货制／订货制的品牌企业中，整合营销的一个瓶颈问题是如何进行促销活动的规划，且能尽量保全品牌价值不受促销的影响。

**买手制**

品牌买手直接从现货市场中采买货品，货品可能来源于工厂或服装档口。品牌可以通过统一贴标的方式对货品进行品牌化的调整。采用买手制的品牌企业内部无须设置生产部门，其采购部可能由多个负责不同品类货品采买的买手组成，在企业中发挥着至关重要的作用。买手制模式也有其不足之处，如品牌产品受买手个人审美影响较大，难以统一品牌形象。此外采购货源也不稳定、不受控，货量难以保证等。这些问题是品牌力的长期建设的不利因素。在采用买手制的品牌企业中，整合营销需在商品计划的前期做好营销规划，明确品牌受众画像以及品牌的长期策略，对商品计划做出指导。

**混合制**

品牌可以混合采用上述的订货制模式与买手制模式。在此种情况下，品牌货源部分来源于工厂的订单生产，部分来源于买手的采买。商品批量大或上新快的品牌企业往往采用这种模式，从而快速获取大量货品库存。

**快反模式**

快反模式是应对传统的大货生产模式存在的不足与缺陷而产生的一种柔性快反生产模式。品牌通过小批量的生产订单进行市场预售试销，对销量不佳的产品进行货量减少或停产；对预售销量较好的产品进行快速生产补充，保障供给。这种模式具有小批量、多批次、交期短、灵活度高、库存风险低等特点。买手制的品牌企业同样可以采用快反模式，通过小批量、多批次的采买试销，降低库存压力与成本。采用快反模式的企业可以设立相应的快反部门，针对试销情况，接手待续或待减的订单，及时进行货量调整。由于采用快反模式的品牌企业商品上新速度快，营销部门也需要匹配相应节奏的推广活动，并通过随机折扣的策略动态地控制库存。

表 8.1 列举了部分服饰品牌企业的运营模式。

表 8.1　部分服饰品牌企业运营模式

| 品牌 | 期货制 / 订货制 | 买手制 | 混合制 | 快反 |
|---|---|---|---|---|
| 飒拉 | | √ | | √ |
| H&M | | √ | | √ |
| 森马 | | | √ | √ |
| 快鱼 | | √ | | |
| 海澜之家 | √ | | | |
| 美特斯邦威 | √ | | | |
| 拉夏贝尔 | √ | | | |
| 江南布衣 | | | √ | |

### 8.1.2　营销与其他部门的协同

在整合营销的框架下，品牌企业的所有部门都应围绕建设和提升品牌资产这一企业核心资源进行协同配合。服装品牌的显著特点是具有季节性的商品上新计划，这些季节性商品在开发时都定有明确的风格和主题，是品牌形象的具象化体现。服装品牌的营销传播活动往往肩负着这些季节性商品促销的任务，这要求营销传播发布的时间需十分精确，并且传播的内容应紧密贴合新产品的风格定位和语言体系。因此，营销部门与设计、商品、零售等部门的协同至关重要。此外，由于服装产品的开发周期大大短于大多数商品品类，这对传播内容的设计和制作的效率提出了很高的要求，也增加了跨部门协同的难度。

近年来"女王节""520""618""双十一"等促销节日也成为服装品牌的重要销售契机，许多品牌会为此推出特别产品。这些产品的上市时间需反向考虑营销计划的排期。在激烈竞争的市场环境下，及时有力的营销支撑是这些产品取得成功的必要条件。

整合传播项目中的公关活动（PR）、零售营销（retail marketing）活动常涉及货品和线下店铺空间的使用。许多极具创意的传播活动，往往体现了线上和线下、媒介与实体的联动。这些活动的策划和执行涉及许多跨部门的协同工作。

当代营销传播项目一般都会涉及第三方代理公司的服务。营销部门在采购服务的过程中，为保证双方间服务关系的有效性、确定合法的服务期限，需要和服务方签订法律协议。法务部门会针对营销部门的一般业务内容，制定相应的协议模板，同时在每一个具体的项目中，把控最终协议的合法性，并争取公司的最大权益。

营销传播项目还会涉及大量的预算，需要经过财务部门的监督把控。大部分的传播项目在策划期间难以预测项目的回报，具有一定的不确定性。其预算需根据公司的财务状况、项目的战略优先级、服务的市场价格等进行制定，使用的花费也需财务部门严格记录在账。

### 延伸阅读：CGO 业务整合

首席营销官（chief marketing officer, CMO）是指企业中负责市场运营工作的高级管理人员，又被称为市场部经理、营销总监。在传统企业中，CMO 主要扮演营销掌控人的角色，营销部门由于架构设置，地位不够重要，难以调动战略、商品、运营等部门资源，甚至部门间容易产生资源争夺的情况。近年兴起的首席增长官（chief growth officer, CGO）职位一定程度上缓解了这种矛盾，CGO 叠加了消费者与商业领导、战略规划等职能，可以从更大的格局层面，实现以增长为导向的商业模式创新。

2017年3月，全球巨无霸品牌公司可口可乐，发布了一个重磅消息，官方表示其CMO马科斯·德金托（Marcos de Quinto）即将退休，之后可口可乐将取消设立24年的CMO一职，而是将营销业务与用户服务、商业领导战略一起整合进入CGO的职责范围。这实际上是互联网思维的一种体现，公司内部的用户增长部门与市场营销部门将会进行积极联动，及时汲取用户反馈并做出变动。

### 8.1.3　整合营销中的内部营销

**内部营销**（internal marketing）是指用于组织内部，向员工灌输以顾客为中心的价值取向的沟通。品牌的内部员工，尤其是那些与顾客接触的员工，其对公司及品牌的价值认同越强，则对顾客的正面影响力也就越大。这一点在营销计划制定过程中应该得到重视。整合营销传播在制定计划之时，必须将其他部门考虑在内，并以充分的理由告知这些部门最终计划，需要获得所有能够影响到顾客的部门的理解和参与。几乎每一个员工都直接或间接地介入到整合营销传播之中，他们的支持对于整合营销传播的成功意义重大。

耐克品牌是一个内部营销取得显著成效的品牌。除了为人称道的产品和持续不断的营销创新外，更重要的是耐克建立了一个公司的内部文化，这个内部文化与大众认知的耐克品牌能完美结合。这也意味着，在耐克工作，就像这个品牌所呈现的一样鼓舞人心、创新和新潮。那耐克又是如何创造一个和品牌形象一致的文化的呢？答案可能比想象中简单：内部营销。

### 8.1.4　营销部门内的组织架构

由于整合营销传播的过程不断向专业化和精细化的方向发展，营销部门需根据品牌的特点和要求，组织相应的人力资源对各种专业性的传播工作进行管理。在本书的第四章整合营销工具中，我们介绍了各种不同的传播渠道和触点。其中许多渠道的管理落实于营销部门内，需要专业的人员来进行管理。

由于服装品牌企业的规模差异很大，产品赛道和业务构成也千差万别，很难用一套标准的模式来概括所有的情况。根据营销职能在企业中分布的集中程度，一般可以分为集权型模式和分权型模式两种类型。

**集权型模式**

集权型的组织体系按照功能层级来划分营销传播活动。在这种情况下，广告、公关、零售营销（retail marketing）、客户关系管理（CRM）、市场洞察（market insights）等具体的营销活动并列在一起，由一个营销部门统筹管理，如图 8.2 所示。产品或服务线不长、需要宣传的品牌不多的企业，通常会采用集权型组织体系。

图8.2　集权型组织的营销部门

集权型营销组织的优势是，由一个部门启动和协调营销传播的过程更为顺畅，公司管理高层易于参与决策制定环节。由于参与决策制定的人相对更少，集权型组织使活动流程更有效率，并且决策者经验越丰富，过程也愈加简单。

然而，当企业开发多个品牌，或部门数量、规模壮大时，集权型模式也会呈现出缺点。例如，其广告部门很难了解每个品牌的营销战略，可能对产品或品牌的特殊需求以及消费者的反馈反应迟钝。

**延伸阅读：始祖鸟品牌营销部门组织架构**

始祖鸟原是 1989 年创立于加拿大温哥华的专业户外服饰品牌，其产品多用于攀岩、徒步等活动。2019 年安踏体育收购始祖鸟母公司亚玛芬体育（Amer Sports Corporation），但始祖鸟品牌的运营目前依然相对独立，公司的总部、设计室、主要的生产车间仍然在温哥华。

目前，亚玛芬体育在中国设有分区总部，始祖鸟品牌的区域营销事务由一支营销部门团队独立负责。该营销部门的整体架构如图 8.3 中所示。

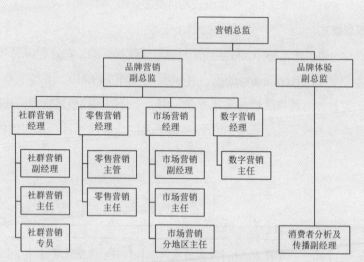

图8.3　始祖鸟中国区域营销部门架构

始祖鸟品牌的营销部门架构共有五个职能分区，分别为社群营销、零售营销、市场营销、数字营销以及品牌体验。

社群营销团队负责品牌的社群运营，包括定期的会员户外活动、指导课程以及品牌签约形象代表运动员的相关宣传活动。零售营销团队负责品牌的店铺活动及宣传，包括店铺开业、重装、KOL集中探店等店铺现场活动的设计、搭建、实施以及广告宣传。市场营销部门负责品牌的产品宣传以及公关事宜，包括产品推广的创意、素材及宣传片拍摄、新闻事件的创造以及明星、KOL的合作项目。数字营销团队负责品牌线上推广平台的运营，包括品牌官方微信公众号以及小红书社交媒体账号的搭建、日常运维以及抖音、哔哩哔哩等其他线上平台的宣传推广活动。品牌体验团队负责对品牌的传播效果、消费者的体验进行分析，对品牌战略及推广策略进行指导。营销部门未设广告部门，广告宣传由各业务团队外包给第三方代理公司。

在五个职能分区之上的营销总监及副总监，负责设置与把控品牌全年的战略走向，而各团队成员根据品牌战略走向以及商品上架及推广节奏，进行营销项目的立项与执行，营销总监与副总监需同时参与项目立项的决策与监督。

## 分权型模式

在品牌和产品类别丰富的大企业中，依赖集权部门管理所有的营销传播活动是十分困难的，因此，这一类企业通常采用分权型组织模式，如欧莱雅集团、宝洁、联合利华等拥有多个品牌的公司采用此种模式。如图8.4所示，在分权型组织中，不同的业务、品牌或产品线拥有各自独立的生产、研发、销售以及营销商。每一个业务、品牌或产品线将交由一个**品牌经理**（brand manager）负责，由他负责该品牌包括策划、制定预算、销售以及利润获取在内的经营管理工作。每一品牌都可能拥有自己的广告或公关代理公司，并且可能同公司内部的其他品牌竞争营销预算。分权型组织的营销部门是营销服务的提供者，为品牌经理提供支持。

　　分权型组织模式的优点是每块业务、每个品牌或产品线都能够获得足够的重视，从而迅捷地对问题与机会做出反应。品牌经理需要对营销活动全权负责，包括确定目标市场以及制定品牌差异化的整合营销传播计划，因此这种组织模式使品牌管理的弹性更大，各环节的调整更加简便。

　　分权型组织模式也存在缺陷。各品牌经理可能为博取管理层重视，争夺营销资金及其他资源，导致组织内部的不良竞争与资金不当分配。品牌经理的说服能力而非项目对品牌的价值可能成为决定预算的重要因素。同时，如果品牌经理的权威性或经验不足，他们可能关注各自的短期目标，而忽略长期规划。

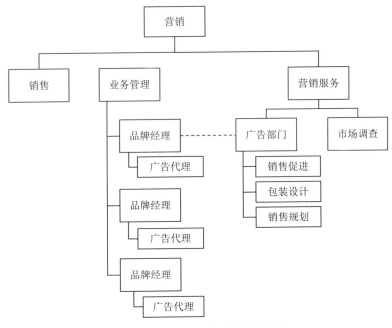

图8.4　分权型组织的营销部门

## 8.2　代理公司的使用

品牌企业可以通过自己的营销部门，在组织内部解决广告、公关等相关工作。但由于营销传播的产业分工越来越精细，而营销部门成员又相对精炼，品牌方往往选择将具体的营销传播项目外包给第三方的**代理公司**（agency），由他们代为进行项目的策划和落地。品牌方则通过简报（brief）、汇报（report）、审计（audit）等形式对代理公司进行管理。因此，品牌方和代理公司形成了甲乙两方的服务关系，品牌方需求的传达和代理公司工作的协同之间需要保持一致性，双方之间的沟通也是营销整合的关键一环。

### 8.2.1　代理公司的优势

在涉及代理公司的营销传播过程中，往往由品牌的营销部门扮演**广告主**（advertiser）的角色。他们是营销传播项目的主要参与者，为项目提供资金，并通过简报（brief）形式为项目设定背景、目标和要求。广告主这一名称来自营销行业的早期，广告是营销传播的主要形式。虽然当代的营销传播手段已更为丰富，但行业内仍然习惯性地称品牌方为广告主。

**代理公司**是专门致力于创意、生产和投放传播信息、咨询服务甚至整合营销服务的外部公司。代理公司能凭借其从事领域内的技术、专业人才为客户提供服务。其员工一般包括艺术家、作家、媒体分析员、调查员以及其他营销广告服务人才。代理公司通常各自专长于某一行业，他们利用自己的行业知识来帮助客户。例如，氢度七（PH7）公司专长于运动时尚行业品牌的整合营销传播工作；而宝尊公司专长于电商及线上平台的全流程服务。

同时，代理公司可以提供不受公司内部政策、偏见或其他制约干扰的关于市场及业务的客观观点，同时还能通过在为各类客户解决营销问题的过程中积累的广泛经验，更好地服务客户。例如，一家运动时尚品牌的代理公司，可能拥有在女装行业、家居行业或其他相关行业有工作经验的员工。当这家时尚品牌公司希望开拓女性市场时，该代理公司能在服务中提供相应行业经验。因此，代理公司可以为客户提供对行业的独特洞察，在某些情况下，对品牌的竞争环境以及应对方式也有更好的认识。

### 8.2.2 传统与新兴代理公司

国内目前广泛使用的代理公司根据其业务范围与功能性，又可分为传统代理公司以及随着新技术诞生的新兴代理公司，如图 8.5 所示。传统的代理公司主要有广告代理公司（advertising agency）、媒介代理公司（media agency）以及公关代理公司（PR agency）。新兴的代理公司主要有数字营销公司、电商代运营公司以及MCN 机构等。

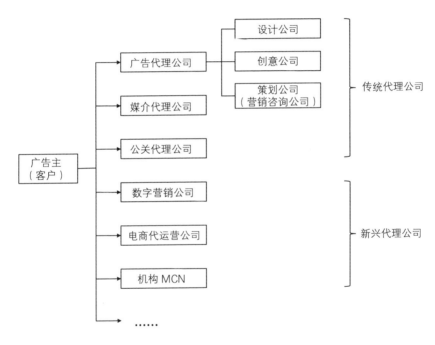

图8.5　整合营销传播过程中的代理公司

**广告代理公司**

广告代理公司是专门致力于生产创意、投放传播信息以及其他推进营销和促销过程服务的外部公司。广告代理公司又包括设计公司、创意公司以及策划公司。

（1）设计公司往往专注于一至多类的设计物料产出。例如，朗涛设计

（Landor，WPP 旗下）以品牌 VI 设计著称；竹叶文化专门设计电影海报。

（2）创意公司负责品牌方确定战略后需要进一步设计内容的项目，此类公司一般对接品牌方的市场部或公关部。4A 创意公司是一类典型的创意公司，一支 4A 创意团队通常由创意总监（creative director，CD）领军，搭配文案人员（copy write）、艺术指导（art director）和设计人员（designer）。创意团队接到项目后，业务人员（account executive，AE）会提供产品定位、广告目的、市场状况以及目标受众等，接着由创意团队进行平面稿、电视广告的概念发想。围绕着发想出的核心主张，文案负责广告中所有的文字，包括广告文案、标题、标语、活动与商品的命名以及其他视觉物料上的文字内容等。艺术指导和设计人员负责广告画面的构思并将其视觉化，其工作内容通常包括平面广告设计、视频广告情境设计、其他物料设计等。创意总监负责协调团队工作、掌握进度，并且是创意概念及策略的决策者。传统的 4A 公司有奥美（Ogilvy）、沃德达彼思（Bates）等。

（3）策划公司也被称为品牌咨询公司，其业务内容为为企业做品牌顶层设计与整合营销方案，如特劳特、里斯、叶茂中等。

**媒体代理公司**

媒体是广告与促销过程中的另一个重要参与者。大多数媒体的首要职能是向其订阅者或观众提供信息与娱乐服务。但从营销者的角度出发，媒体的功能是为企业营销传播消息提供平台，其需拥有吸引消费者的栏目或节目内容才能获取广告主或其代理公司的购买意愿。媒体代理公司根据其业务渠道划分，可分为纸媒、电商、社交媒体、视频类以及户外媒体等类。

**公关代理公司**

公关代理公司，负责公司及其产品和服务的宣传工作，同时也需处理公司与其他公众之间的关系与沟通。目前中国业务规模较大的公关公司包括蓝色光标、际恒锐智、奥美公关、索象公关等。

近 10 年来，中国时尚产业的进程中涌现了大量独立设计师品牌。这些品牌的传播需求催生了专业型的时尚公关公司的发展。独立设计师品牌的产品往往呈现小众（niche）的特点，其市场规模不大，其传播需要一般难以通过大型广告活动来满足。相反时装秀、线下活动、明星带货等相对集中的传播活动是独立设计师品牌常用的传播手段。时尚公关公司是协助品牌开展这类活动的主要力量，成为共同塑造品牌的商业伙伴。

对于预算规模不大的初创型的设计师品牌，选择小而精但在设计和商业理念上高度契合的精品时尚公关公司是一个必然的策略。这些公司往往融合了媒体传播和公关的双重属性，用做内容、讲故事的方法来进行品牌推广。许多年轻的中国设计师品牌经过专业的公关手段的打造，逐渐在国际时尚领域拥有了话语权。

### 数字营销公司

随着数字技术的发展，消费者对于数字平台与媒介的体验时间愈加巨量，对社交媒体的使用也愈加熟练，数字营销公司应运而生，它们为客户提供数据与流量、媒体策划与购买、创意内容、社交电商、短视频等数字整合营销服务。常见的如华扬联众、新意互动、180、久其数字、灵思云途、利欧股份旗下的利欧数字公司等。

### 电商代运营公司

电子商务的繁荣，催生了电子商务品牌代运营行业。电商代运营为品牌方提供全网各渠道的电商服务。主要服务内容有：从创意角度出发的品牌形象塑造、视觉设计、整合营销以及新媒体传播等；从运营角度出发的线上品牌运营销售、大数据分析、CRM 管理、精准广告投放；以及起支撑作用的仓储物流及售后等服务。宝尊（图 8.6）是目前体量较大的电商代运营公司，同时为品牌方提供电商运营与品牌管理服务等。

**图8.6　宝尊公司网站主页**

### MCN 机构

MCN 机构源于美国，全称为多频道网络（multi-channel network），原本是指存在于内容生产者与油管（YouTube）间的中介，进入中国市场后 MCN 行业进行了衍生和本土化的成长，逐渐发展成为通过内容聚合、制作和运营，以不同商业化服务变现并按照约定进行收入分成的机构（图8.7）。目前市场主流的 MCN 机构（以其旗下达人账号类型划分）如表 8.2 所示。

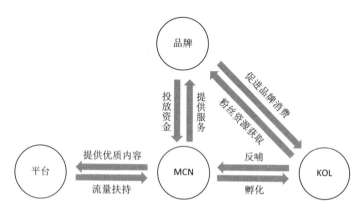

图8.7　平台、MCN、KOL、品牌广告主关系图

表 8.2　中国市场部分 MCN 机构

| 类别 | 机构名称 |
|---|---|
| 美妆 | 最美妆、美 ONE |
| 剧情 | 古麦嘉禾、奇迹山 |
| 游戏 | 大吕网络、薇龙文化 |
| 美食 | 麦芽传媒、震惊文化、青瓜视频 |

**访谈：第三方供应商营销服务的采买流程**

（访谈对象：王佳易，品牌营销资深从业者）

问：品牌方采买第三方供应商的营销服务，都包括哪些流程？

答：正式的第三方供应商营销服务采买主要过程：品牌主首先梳理自身需求，并通过创意简报（brief）表达此次营销活动的目的以及对供应商的要求，收到创意简报的各供应商通过竞标或比稿竞争承接服务的机会，品牌方根据各供应商表现选择合适的供应商展开合作，最后项目收尾阶段，品牌方对供应商的服务进行验收和复核。

问：品牌方可以如何梳理营销项目中自身的需求？

答：为了使供应商按照品牌期望的方向与节奏展开营销服务，品牌方在传达创意简报之前，先会梳理本次项目在品牌战略中的地位、期望达到的效果以及品牌在项目上的投入意愿，落到具体的要素主要有三点：

一是营销项目的推广内容。营销项目的推广内容主要有产品推广、理念推广以及信息推广三类。产品推广指推广品牌的季度、系列或单件产品，从而促进产品的销售。理念推广指推广品牌的倡导理念，从而传播品牌文化，提高品牌认知。信息推广指推广品牌的企业经营策略或品牌调性与定位等信息，从而提高品牌的影响力与商业信誉。

二是营销项目的受众。营销项目的受众主要有品牌消费者及业界人士两类。针对品牌消费者开展的营销项目往往旨在提高消费者对于品牌与产品的认知、印象以及购买意愿。开展垂直领域的活动触达的人群更窄，但可以在他们心中留下更深的印象；开展广泛适用于大众的活动则可以触达更广的人群。品牌会根据不同的营销目的选择合适广度的营销策略。部分的营销活动针对业界人士开展，可以提高品牌在投资领域的信用与形象，也可以提高品牌的公共形象，从而吸纳优质人才。

三是营销项目的预算与执行期。项目的预算大小与供应商的服务质量以及服务范围高度相关，同时也与项目的战略地位相关。项目的执行期长短影响项目管理者对于回报的预期，以及该项目下发与执行的优先缓急。

**问：供应商之间的竞争是怎样的？**

**答：**一般而言，供应商的选择流程随着项目预算的增加而更为复杂，高预算的大型项目往往通过竞标决定最终承接供应商，而较低预算的项目可能采取更为简单的比稿流程，即各供应商团队获取品牌方提供的创意简报后，提供初稿并竞争抉择出最终承接者。

**问：在第三方供应商中做出选择，会考虑什么？**

答：对于品牌方而言，在供应商之间做出选择可以先思考营销项目主要是在线上还是在线下推广。由于线上环境存在内容传播性广、同质性内容多的特点，线上推广项目常常要求供应商具备优秀的创意策划能力。线下推广项目包含现场活动等服务内容，对于此类项目，品牌方较重视供应商过往的活动承接经验与能力，并以此为依据进行供应商的选择。

另外，不同的推广形式也会对供应商要求不同。营销项目的产出结果最终会以视频、平面视觉或文字等形式呈现在受众面前。品牌方可以充分发挥用户思维，以目标为导向，构想项目完成后会在消费者心中留下怎样的品牌印象以及体验记忆，从而选择合适的产出形式，进而依据第三方供应商的创作优势，在它们之中选择合适的项目承接者。

## 8.3　代理公司的选择

在将传播服务承包给第三方前，品牌方需要审慎地了解各个代理公司，在预算范围内选择尽量优质、合适的代理公司。品牌方可以从代理公司的业务范围、专攻行业以及传播渠道三个维度对比各个机构，做出选择。

服装品牌的运营本身具有相当大的专业性，其产品的设计和风格是品牌形象的主要载体，且产品开发工作十分密集和迅速。这要求代理公司对服装品牌的流程有相当的了解。代理公司是否有服务服装品牌的经验，会成为代理公司选择时的一个重要参考。

### 代理公司的业务范围

品牌进行代理公司的选择时，首先需要考虑所需的服务范围。若品牌内部存在经验丰富的营销团队，能够独立完成创意、策略的产出时，品牌仅需代理公司提供传播过程中某一环节的对应服务。此种情况下，品牌可以选择业务单一的设计公司、公关公司或媒介公司进行广告画面的设计、产品及公众形象提升以及广告的最终投放。

在某些情境下，品牌内部的营销团队规模较小、缺少组织内部的广告团队、需要在更短的时间内完成项目开发至执行全程或品牌需要在不熟悉的领域或行业进行市场开拓或传播。出现这些情况时，品牌往往需要寻求营销咨询公司甚至提供整合式营销服务的代理公司获取由创意产出至项目实际落地执行的全过程服务。当业务内容或工作量对于代理公司过于庞大，或项目中存在其不擅长的业务时，代理公司本身可以作为主代理，选择其他代理公司的拍摄、投放或公关服务。

### 代理公司的专攻行业

代理公司存在各自的专攻行业，某代理公司可能对某类行业的品牌进行过多次服务，拥有充分的行业经验积累。按广告主的投放行业，可将广告分为金融、电商、教育、网服、游戏等行业。在服装行业，各品牌选择代理公司时，也需要考虑品牌由于产品品类或定位的不同而产生的有差异的营销需求。例如，Pinsist 公司曾为路易威登、华伦天奴（Valentino）、始祖鸟等高消费服饰品牌提供服务，积累了丰富的行业经验，但它可能难以为森马、美特斯邦威等大众服饰品牌提供同等质量的服务。

**代理公司的传播渠道**

品牌选择代理公司时，还需要考虑传播在线上与线下渠道之间的侧重。当品牌希望通过线下方式进行传播时，要求代理公司拥有优质的团队及资源；而当品牌的传播需要在线上发生时，数字营销公司可能是其最优选择，能够为其提供线上流量、社交媒体传播等特殊服务。

# 8.4  代理公司的组织架构

了解广告代理公司等代理公司的内部管理架构，能够帮助营销人员更好地与代理公司进行沟通，获取机构内更加优质的人员服务。代理公司基本都包括执行、创意、策略、媒介四大部门团队，不同的公司由于职能范围的扩大或缩减，可能在组织架构上略有不同，但始终依赖这四大职能为广告主提供营销服务。表 8.3 展示了广告代理公司常见的部门职能及职级划分。

**表 8.3  广告代理公司常见部门及职级划分**

| 客户部门<br>主要负责对接相关人员（客户、内部支持部门、供应商等）进行项目管理及传播 | 创意部门<br>负责提供创意想法、创意方案撰写、物料设计及创意文案撰写 | 策略部门<br>负责提供策略分析，有时策略组和创意组从属于一支团队 | 媒介部门<br>负责维护媒体、KOL 资源。当有传播需求时，提供资源、报价及沟通排期 |
|---|---|---|---|
| 客户执行<br>（account executive）<br>客户经理<br>（account manager）<br>客户总监<br>（account director）<br>客户事务群总监<br>（group account director） | 文案<br>（copy writer）<br>美术设计<br>（art）<br>美术指导<br>（art director）<br>创意组长<br>（group head）<br>创意总监<br>（creative director）<br>群组创意总监<br>（group creative director）<br>首席创意官<br>（chief creative officer） | 策略 / 策划助理<br>（planning assistant）<br>策略 / 策划<br>（planning）<br>策略总监<br>（planning director） | 媒介执行<br>（media executive）<br>媒介策划<br>（media planner）<br>媒介经理<br>（media manager）<br>媒介总监<br>（media director） |

对于创意型广告公司，创意部门处于主导地位，负责统筹方案撰写等工作，客户组负责对接、协调及传播工作。对于传统公关或广告代理公司，则一般由客户组主导，兼具方案撰写与项目执行等工作。

## 8.5　执行过程中的管理

在与代理公司的协作过程中，积累代理公司资源并定期展开评估，清理不匹配、低质量的代理公司，以及积累并重复利用预算投入换取的产出内容，都是能将品牌公司随着运营时间产生的人力、物力、财力沉淀为品牌资产的有效管理手段。

### 8.5.1　搭建代理公司库

对于品牌公司而言，营销活动与广告投放需要循环往复地进行，如需将一部分工作外包给第三方代理公司，与它们长期合作是一种简单而有益的方式。首先，在长期合作中，品牌方了解供应商的擅长领域以及服务内容，便于分配业务需求。其次，供应商长期把控品牌的调性、发展阶段等需求信息，品牌方可以尽量减少与新供应商的磨合时间。

品牌与供应商的长期合作模式是较为常见的。同一品牌由于不同业务项目同时存在，且类型繁多，常常与多个供应商同时存在合作关系。因此，管理繁多的供应商，将业务合理分配给它们，这对于品牌也是一项重要工作。

管理这些供应商，需要先建立一个供应商管理库，供应商管理库的搭建应当注意以下事项：

（1）供应商入库时，应当要求其提供营业执照、收款银行信息以及企业联系人信息等，以保证供应商的有效性与合法性。

（2）库中的供应商应当具有一定的使用期限，对于长期未使用的供应商应定期清理。这是由于供应商长期未启用可能意味着该供应商不符合品牌的要求。

（3）供应商入库过程应该建立一定的审核机制，对于该供应商的项目报价进行审核与记录，避免企业内部出现腐败现象。

### 8.5.2 项目执行过程中的报告

为了使传播项目得以顺利执行，品牌方常要求代理公司定期提供阶段性的结果报告（report）。我们在第七章传播的计划中较为详细地讨论了测量计划的必要性。测量计划可以使得传播的结果变得可见，品牌方应根据测量计划，定期获得代理公司的结果报告，以便对传播的效果进行评估，并做出必要的调整。

传播项目在涉及数字媒体时往往会产生大量的数据，这些数据反映了传播项目的执行情况，以及对消费者产生的影响。这些数据往往有很大的体量，需要专门的人力来进行处理。这些工作一般难以在品牌方内部完成，仍需委托第三方代理公司。许多第三方代理公司都设有专门的数字媒介团队（digital team）和营销科学团队（marketing science）来负责处理和分析传播过程中产生的数据，并为广告主提供相应的报告，这为代理公司带来了相当大的成本。如何平衡报告的价值和成本是代理公司和广告主需协商的问题。

由于数字媒体流程本身具有一定的复杂性，数据的解读和话语体系也往往变得较为复杂。在中国，数字营销的创新层出不穷，令人眼花缭乱，这丰富了营销传播的手段，但也影响了结果的透明度。如何解读和监督代理公司（以及媒体公司）的工作也是品牌主需要十分注意的问题。

### 8.5.3 对代理公司的审计和评估

由于品牌公司在广告与促销上花费的资金数额巨大，品牌需要了解这笔支出是否获得了价值对等的回报，因此，品牌公司考察代理公司的表现十分必要。对代理公司的**审计**（audit）通常包含两种类型：一类是财务性和经营性的账务审计；另一类则是质量审计。**财务审计**（financial audit）主要评估代理公司的成本、支出、花费在客户上的员工时间以及对媒体和外部供应商所付费用的合理性；**质量审计**（performance audit）主要评估代理公司在规划、制定和实施客户广告过程中的努力和投入，同时也考察执行的结果。

广告预算低或广告职能与营销业绩关系不明显的小型公司，对代理公司的评估通常是主观的、非正式的；而广告预算较大、广告职能受重视的公司希望确保资金花费有效率且有成效，会开发正规系统的评估体系，且评估团队常常由几个利益相关部门的成员共同组成。对代理公司的评估，其考量因素围绕着代理公司能为品牌方带来的价值，一般可以从以下几个维度展开：

（1）生产新鲜合理的创意的能力。

（2）机构理念与职能的整合程度，以及各团队的合作服务能力。

（3）营造与品牌方相互尊重的环境的能力。

（4）开发适合多种传播渠道的创意及方案的能力。

（5）服务态度，如分配服务的员工质量及管理层按需出面解决问题的能力。

（6）对品牌状况（知名度、关注度、购买意图等）的分析评估能力。

（7）对新媒体与新技术的洞悉程度。

### 8.5.4　营销资产的管理

营销部门的广告或公关项目，都会产出一定的文案、平面设计或视频等素材，确定一些创意策划或明星、媒体合作关系，以及为品牌公司与负责人员积累一些流程与方法论，此类内容皆为营销资产。营销资产的管理包括对资产的归档、积累与再利用。

**项目产出资产的积累与管理**

营销项目产出的素材可能包括 KV（key vision）画面，即主视觉画面、产品宣传图、广告画面及视频，以及线下搭建等活动积累的物料素材等。对于品牌公司而言，管理每次营销项目的产出资产，可以积累可重复使用的广告画面等素材，在多个场合使用以节省预算投入。对于营销活动的业务项目负责人而言，管理每次营销项目的产出资产可以帮助他们快速回顾项目流程或供应商产出质量，使他们更好地应对同类别的业务需求。

**项目节奏的管理**

营销部门所负责和推进的项目往往是循环往复的，例如，零售营销需要负责各个终端门店的开业或重装搭建活动推广，市场营销需要负责各季节时段的产品发售推广等，虽然推广内容不同，但项目的工作布局与时间安排是基本一致的。因此，在一次成功的推广项目中，项目负责人可以积累时间节点把控经验，知悉各工作流程所需花费的时间，从而在同类项目中做出合理的时间安排。

**财务法务规章的积累与管理**

营销业务部门在项目中除需保质保量地完成营销推广任务之外，还需与供应商协定合适的服务采购价格，以及对服务内容签订合乎法规、满足公司利益需求的协议。公司的财务与法务部门会在此过程中进行指导与把控，但直接与供应商沟通的依旧是营销业务部门人员。积累与营销项目相关的条款与服务的市场价格可以帮助业务部门更快速、专业地推进项目成立以及服务开展。

案例篇

服装品牌整合营销案例评述

# 第九章　波司登品牌跃迁的营销逻辑

## 9.1　案例背景及简介

波司登是中国羽绒服的老品牌，自 1976 年创立至今专注在羽绒服领域 47 年。从成立伊始的小作坊到国内羽绒服界龙头品牌，从老土厚重的保暖冬服到游走在国际秀场的弄潮儿，从多元化转型的铩羽而归到如今坚定高端化发展方向，波司登曾几度徘徊在发展低谷，其转型发展历程可谓一波三折。波司登经历过多品牌战略、四季化战略和国际化战略等升级转型的战略探索，但效果不尽如人意，没能使品牌实现有效的发展跃迁。几经低谷后，波司登调整了发展战略，对品牌进行了精准定位，且围绕这个定位目标实施全要素品牌整合营销传播战略，在品牌定位、产品设计、渠道建设和品牌运营等方面进行了全要素的升级改造和整合，实现了逆势上扬、弯道超车。

## 9.2　品牌升级转型战略实施情况

为了尽快将企业做得更大更强，波司登在发展过程中进行了多元化发展和企业战略扩张，采取了多品牌战略、四季化战略和国际化战略。但这些战略并没有起到想象中的效果，一定程度上也正是因为多元化、四季化、国际化的战略进展不顺，才让波司登重新聚焦主品牌业务——羽绒服。

波司登进行过两次品牌产品延伸。一次是聚焦羽绒服业务来扩充品牌，实施多品牌战略。2000 年以来，波司登先后创立了波司登、雪中飞、冰洁等系列品牌，满足不同层次的消费者需求。旗下品牌的定位相对清晰，其中"雪中飞"定位为运动羽绒服品牌，"冰洁"则以广大消费者为主要目标人群。伴随着 2008 年北京夏季奥运会的到来，创新、时装化以及自主品牌、核心竞争力等这些关键词使得波司登开始通过收购或与其他品牌合作的形式，来拓展非羽绒服装业务。但品牌线的简单叠加并未取得"1+1>2"的效果，相反，管理难度的增加导致了波司登的营收不升反降。最后波司登被迫转让了一些品牌股权，并停止与诸多品牌的经营合作，多品牌战略这条路没能实现波司登的有效扩张。

另一次便是提出了"多元化、四季化、国际化"战略，以摆脱对单一羽绒服业务的依赖。波司登开始向全品类进军，形成了以羽绒服为主导，休闲女装、男装、童装、运动装等系列产品共同发展的新格局。但多元化和四季化产品延伸的实施并不顺利，快速的扩张不但给波司登带来了管理上的困境，品牌力也不足以支撑全面的产品延伸，消费者对波司登在其他品类的"专业度"并未产生足够认同，一度出现产能过剩、库存积压、过度扩张、品牌形象老化等问题。波司登也实施了国际化战略，但在品牌升级的道路上走得也不顺利。波司登单一渠道的拓展，并不足以在消费者心中产生必要的化学反应。由于缺乏配套的设计团队，其产品的设计、创新难以符合新的品牌定位。复杂的产品线也使消费者对品牌定位感到迷惑。

可以看出这两次的战略都是聚焦在单一要素的提升，但单是产品延伸或渠道提升都不足以支撑品牌转型和升级。经历低谷之后，波司登迅速识别了当时的市场需求，开始回归主业，同时将品牌做了提质升级，2018 年确立了"聚焦主航道、聚焦主品牌"的全要素整合营销战略。这次的战略不再是单一要素的提升，而是对品牌进行了全面且有针对性的升级与改造。凭借明确的战略指引和高效的战略修正，波司登使自身在羽绒服行业的龙头优势更加凸显，实现了连续 5 年的营收和利润双增长，更加夯实了其在羽绒服行业的全球领先地位。

## 9.3 聚焦主业，全要素整合营销传播战略

2018 年，波司登砍掉部分非羽绒业务，重新聚焦到羽绒服主业，根据公司的

发展战略和目标市场的实际情况，确定了品牌整合营销传播战略。新战略的核心是羽绒服领域，将资源整合到波司登主品牌，打造成消费者认可的首选羽绒服品牌。与以往品牌提升战略不同，此次波司登从品牌定位、产品设计、渠道建设和品牌运营等方面进行了全要素的升级改造和整合，把品牌、产品、市场等资源充分整合起来，然后根据整合营销传播策略分阶段一步步实施，逐步把波司登打造成中国服装业的知名品牌。

### 9.3.1 品牌定位——聚焦发展主品牌

在品牌定位方面，波司登重新定位各版块业务，聚焦发展羽绒服业务中的波司登主品牌，并推出"极寒系列""高端户外系列"以及"登峰"系列，秉持着"全球热销的羽绒服专家"理念，深化"羽绒服专家"的定位，同时以"温暖全世界"为品牌使命，既将产品品质作为品牌的核心力，又传递出企业文化，走进消费者，让消费者在寒冬感受到来自波司登的温暖。由于年轻群体逐渐成为当下消费市场的主力军，为满足年轻消费者的个性与情感需求，其向高端化转型，并将"国潮""时尚"元素融入，树立"国潮品牌"的新名片。

为配合品牌定位，波司登使用全新的中文标识，并将"畅销全球72国"放置在"波司登"的下方（图9.1）。同时，波司登制作了传达品牌核心价值"温暖、品位、贴心"的品牌广告。店铺形象上，波司登也要求匹配其所在地段、商圈，并结合时尚元素，加入场景化体验。2018年，波司登在北京水立方召开了声势浩大的发布会，公布了新的品牌标识、广告与店铺形象，同时，联手权威媒体以加大品牌传播力量，并通过多媒体渠道组合强化新的品牌形象。

图9.1　品牌标识变化三阶段：2012年前、2012至2018年、2018年后（从左至右）

### 9.3.2 产品设计——聚焦羽绒服，加大研发力度，强调功能与时尚兼备

在产品方面，波司登在羽绒服的研发上加大投入的精力，不再扩张其他非羽绒品类，而是聚焦羽绒服，对面辅料、毛绒以及工艺等各个方面进行全面提升。波司登的产品不止强调其功能性，更强调功能与时尚兼备。其推出的使用"世纪之布"GORE-TEX 面料的高端户外羽绒服产品，获得了《户外》(*Outside*) 杂志评选的 2019 年度户外装备大奖。毫无疑问，科技元素的加持丰富了品牌联想。

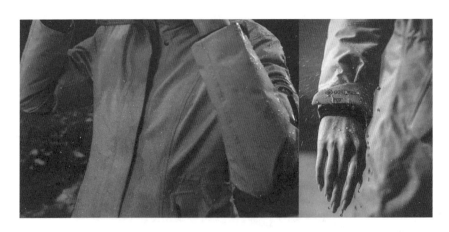

图9.2　搭载了GORE-TEX面料的波司登高端户外WIFI系列

在款式设计方面，波司登与众多国际知名设计师共同打造联名款。例如，从 2018 年 10 月开始波司登就携手三位顶级设计师蒂姆·科彭斯（Tim Coppens）、安东尼·特隆（Antonin Tron）和埃尼奥·卡帕萨（Ennio Capasa）联名，在色调、工艺和风格上完成突破，后在 2019 年 11 月、12 月分别与"老顽童"让-保罗·高缇耶（Jean-Paul Gaultier）和高田贤三（Takado Kenzo）携手推出合作系列。品牌设计的不断创新与跃进摆脱了过去人们对波司登"中老年服饰"的刻板印象，为品牌势能持续提升提供了空间。与国际知名设计师共造品牌联名款亦是当下服装品牌发展的潮流与营销的热点，好的联名会使企业和品牌获得双赢，但失败的联名也会给双方造成品牌形象受损以及营业额下滑的影响。

### 9.3.3 渠道建设——线上线下渠道整合发展

随着互联网经济的成熟以及电商平台的崛起，波司登对销售渠道进行了全方位的升级，注重线上、线下渠道建设的整合发展。在线下渠道方面，波司登主要关注北京、上海以及其他 13 个一线及新一线城市的拓展和打造，通过"关小店、开大店"的方式，关闭了低效的传统线下门店，转而在购物中心、时尚百货和城市的核心地带等地开设高端旗舰店。波司登邀请了法国顶尖形象团队设计终端门店，加速终端店铺形象迭代，提升了消费者的品牌体验和品牌认知。

在线上渠道方面，随着网络渠道逐渐成为主流消费渠道，波司登也加大了线上投入，完善了线上销售渠道系统的建设，并且强化了线上销售平台，提升了线上的销售比重，与阿里巴巴和天猫等平台进行了深度合作。此外，波司登还加快了直播电商与微商城的布局，成立了专门团队来统一运营所有品牌的网络销售。同时，波司登运用社区运营、新媒体运营以及直播等手段来丰富品牌触点，逐渐密切了与年轻消费者的联系。波司登根据品牌的战略定位和自身实际情况进行渠道的选择，通过合理设计渠道间的关系，有效地整合了线上线下渠道资源。

### 9.3.4 品牌营销——营销定位明确，整合多种营销方式

波司登采取了产品多元化营销战略，与之前的多元化战略不同的是，这次的多元化营销紧紧围绕羽绒服领域，推出不同的高端系列产品来满足消费者的不同需求，这种细化的多元化营销策略，使得波司登成功构筑起较高的市场竞争壁垒。而且此次波司登营销定位明确，通过一系列的营销手段强化自身"羽绒服专家"的品牌定位，以期在消费者认知中形成"羽绒服＝波司登"的概念，并且着力打造时尚高端化的品牌形象。波司登借势米兰时装周和纽约时装周一改以往土气形象，以专业、时尚的形象得到主流消费人群的认可。

在传播方面，波司登也整合了多种推广方式。波司登在明星代言、网络推广、娱乐综艺和户外电梯广告上进行了多元化的广告投放，通过整合线上和线下流量来多方面触达消费群体。2018 年起，波司登的营销向着自媒体倾斜，通过小红书、抖音、B 站在内的各类传播平台，尝试 KOL、明星带货和短视频等推广方式进行

品牌营销。波司登还时刻注重"与年轻人共舞"，与消费者实现精准互动。其积极迎合年轻人的喜好进行营销，如进行跨界联名营销，联名知名 IP 漫威系列、迪士尼系列等推出联名产品，进入影视、综艺与时尚等主流媒体，加强了在年轻消费群体中的品牌亲和度。在品牌营销上，波司登通过整合营销、内容创新、媒介优化等方式提升了品牌传播力，强化了品牌力。

## 9.4　总结

　　波司登能够实现逆势增长，在于它坚持"聚焦主航道、聚焦主品牌"的战略目标以及采用了全要素整合营销传播策略。波司登通过在品牌定位、产品设计、渠道建设和品牌营销等方面的全面经营，使得一个较为清晰的品牌形象开始扎根，并在营收上也显现了效果。2019 年，波司登成为首个"双十一"预售额破亿元的服装品牌，其天猫旗舰店 7 分钟销售额破亿元，78 分钟突破 2018 年全天销售额 4.14 亿元。在波司登提供的 2020 年"双十一"战绩中，数据显示"双十一"销售额突破 15 亿元大关，品牌全渠道会员破 1 000 万。在品牌全要素整合战略下，波司登战绩显赫。

　　由此可见，波司登品牌走过了一条"从野蛮生长"到"全要素整合"转变的道路。波司登品牌的轨迹是众多中国品牌发展的缩影。这固然离不开中国消费市场成长的宏观背景，但其品牌管理能力的提升和多要素的整合营销才是其实现品牌跃迁的核心逻辑。

第十章　之禾：根植于本土文化的品牌塑造

## 10.1 案例背景及简介

凭借庞大的人口数量和巨大的消费能力，我国已成为全球服装消费市场的重要角色。国际服装品牌纷纷涌入，争夺这块巨大的市场蛋糕，市场竞争异常激烈。大型跨国服装企业以其庞大规模和强大的融资能力，对本土企业形成了巨大的竞争压力。然而，我国本土服装业具备着独特的优势，即消费者对本民族文化的认同和情感依赖。近年来，国内品牌逐渐崛起，反映出消费者对本土品牌的热情和关注度不断提升。

20世纪90年代，中国服装生产及出口数量已位居世界之首，污染问题也随之而来。1997年，之禾的创始人之一叶寿增辞任东华大学服装设计专业教师职务，创立女装品牌之禾。受弘一法师"自律苦修"的故事启发，叶寿增致力于打造一个"不破坏山，也不破坏水"的时尚品牌，"天人合一"的品牌理念因此应运而生。之禾将"可持续发展"理解为"采用顺应自然的制作方式和生活方式"，并称之为"自然之道"。如何向消费者传达"天人合一"和"自然之道"的品牌理念，展示出品牌形象呢？之禾通过有效的整合营销策略，整合多方面的资源，成功地塑造了其品牌形象，传递了品牌理念，并推动了品牌的发展。之禾品牌的发展代表了其对可持续时尚的追求和本土品牌在国际舞台上的积极探索。

## 10.2 品牌整合营销策略

之禾通过将设计开发、视觉陈列、营销沟通等和品牌风格保持高度一致，提高消费者对品牌的忠诚度。消费者在不同的渠道和媒介中都能够感受到品牌的一致性和连贯性，从而加深对品牌的信任和依赖，进而增加购买意愿和重复购买率。这种忠诚度的建立对于品牌的长期发展和市场竞争力具有重要意义。之禾整合了从品牌定位到设计、生产、营销等方面的资源，紧扣品牌的理念和形象，各个环节都与品牌理念和风格保持高度一致。

### 10.2.1 具有精神内涵的品牌定位

之禾致力于演绎人与自然的关系，塑造"沏茶禅定的哲学热爱者"的品牌形象，倡导具有东方精神的理想生活方式。在能够触及消费者的每一个地方，之禾都遵循"自然之道"，始终如一地讲述"天人合一"的慢时尚品牌故事，赋予了品牌一定的精神内涵。这个品牌定位突出了之禾在环保、可持续性和与自然和谐相处方面的价值观。

之禾将品牌定位在高端女装，尽管产品的价格较高，但该品牌坚持全年不打折的策略，不断向用户传递"少买、买更好的、用持久点"的慢时尚服饰理念。定位于高端女装，品牌如果经常降价、打折出售，将会影响其高端品质的形象。因此，全年不打折的态度表明之禾注重质量、健康以及可持续发展，并能更好地维护品牌的形象，提升会员黏性。

之禾结合本土文化元素，表达品牌理念和精神内涵。中华文化以农耕文化为核心，中国人民内心向往"归隐田园、寄情山水"。2021秋冬"自然之道"胶囊系列以"China Village 新农村"为主题，呈现了当下中国乡村的真实鲜活（图10.1）。灵感来源于中国农村，产品融入了丰富的乡村意象，如炊烟、谷物和农舍。色彩选择以自然色彩为主，如棕色、茶色和栗色，并使用环保材料染色。拍摄地点选在江西省景德镇市浮梁县寒溪村，展现了自然之美与传统之美。之禾借助寒溪村的日常生活场景，以时尚服装表达自然观念，唤起人们对自然之美的共鸣。此系列展示了中国新农村形象，时尚品牌讲述中国乡土故事，呈现出独特的视觉和情感体验。

图10.1　之禾自然之道"China Village新农村"系列

　　之禾的环保理念，从定位到设计最后落实到穿戴者的心中——品牌、自然与人的和谐。这样的品牌精神核心，反映着品牌的价值观、文化理念和独特个性。之禾品牌的精神内核贯穿于产品、渠道和营销传播等方面，起着核心作用，是设计生产和营销等其他环节的抓手。通过整合不同渠道和媒介，之禾在品牌故事中表达品牌的愿景和使命，增强了消费者对品牌的认知和共鸣。

### 10.2.2　保持自然之道理念的产品设计和生产

　　之禾秉持品牌自然之道理念，在设计和生产上始终与品牌风格保持一致性。通过坚持自然之道的理念和品牌风格，之禾巧妙地传达了其独特的品牌形象，吸引了许多追求舒适、可持续性和与自然相融合的消费者。

　　在产品设计方面，之禾致力于让消费者穿上舒适、可通勤和可持续发展的服饰。这种理念贯穿于之禾的每个产品线中，打造了一致的品牌形象。"Natural Way自然之道"胶囊系列是之禾在2019年推出的概念实验性系列。之禾每年除了品牌主系列外，还推出两季"自然之道"系列，将其作为服装行业变革和创新的实验场，以可持续为标准进行创作、设计和生产。每季的"自然之道"系列都有不同的主题，而且在色彩、面料、生产、溯源等方面都会有许多创新性和可持续性的尝试，如选用纯天然材质、不染色的面辅料，或运用多种天然材料创新混制而成的新型面料等（图10.2）。

　　在生产实践的过程中，之禾定义出了他们心目中的自然之道。之禾通过官方配文向消费者传达了品牌的生产方式：选择人工种植或养殖的原料，如有机棉、雨露麻、香云纱和有机羊毛；坚持反过剩设计，避免浪费用料、追随潮流或缺乏使用场合的设计；注重环保制作过程，大部分产品在自有工厂进行缝制加工，对空气、土壤、水等环境的影响较小，并关注损耗物的再利用；打造耐看耐用的产品，精心设计并注重精工细作，确保产品经得起长时间的审美和多次使用，而不是一次性消费。之禾通过这些实践体现他们对自然之道的承诺。

图10.2　之禾自然之道"食物染"系列宣传海报

### 10.2.3　自然舒适和丰富的消费者体验

之禾致力于为消费者打造自然舒适和具有品牌特色的购物体验。除了注重产品的舒适性，之禾注重线下实体店面的环境和氛围，力求打造自然舒适的消费环境，以提供丰富的购物体验。之禾的实体店全部采用专卖店的形式，以直营或特许经营模式运营。至2023年年初，其在全国店铺数量有270家左右。之禾稳扎稳打，相对于国内其他女装的大规模扩张，开店速度相对慢很多。

之禾在店铺设计方面采取了多项环保措施：采用榫卯结构的家具减少了化学黏合剂的使用；零售终端采用可降解环保甘蔗纸浆包装盒，玉米淀粉衣架替代实木衣架，减少木材消耗；提供可反复使用的环保帆布袋等，将可持续理念贯彻销售的各个环节。店铺的内部以自然元素为主，运用自然色彩、木制家具和植物装饰，给消费者带来自然舒适感。橱窗设计也注重自然和可持续发展理念，常使用纯天然材料。图10.3 的2021 春夏系列橱窗展示了现代生活与自然和谐共生的着装体验。自然设计和环保措施，体现了之禾对环境的重视和对可持续发展的承诺。顾客在店铺购物的同时，也能感受到与自然的紧密联系，获得舒适和有意义的购物体验。

图10.3　之禾2021春夏系列橱窗设计

在消费者更加注重消费体验的时代，许多品牌将实体店的定位从以销售产品为中心逐渐转向提供体验为中心。自2017 年起，之禾着力发展综合性旗舰店模式，以提供自然舒适和丰富的消费者体验。该模式不仅为顾客展示了完整的产品系列，还引入合作品牌，将书店、咖啡店等文化与生活空间融入其中构建出了之禾空间，为消费者提供了一个与当代城市生活相契合的独特而全新的消费场所，见图10.4。之禾空间作为品牌概念窗口，还会不定时与艺术家或学者合作，举办讲座、沙龙、画展、新书发布会等活动，全方位展示"天人合一"的品牌理念，进一步塑造品牌形象。这些活动不仅丰富了消费者的文化生活，也为顾客提供了一个与品牌互动和交流的平台，使之禾的消费者体验感更加丰富。

### 10.2.4　与文化紧密结合的营销传播

之禾注重品牌理念的宣传，其品牌调性与自然和谐、文化艺术息息相关。通过整合营销传播策略，之禾将品牌理念和品牌文化与自然、文化和艺术紧密结合。之禾会结合多种文化艺术形式进行营销传播，通过之禾空间这一概念窗口与消费者进行文化和艺术的交流。之禾与知名建筑设计师、文化学者、戏剧表演艺术家、画家等合作，举办建筑与艺术讲座、书籍分享会、戏剧分享沙龙、画作展览、器物主题展等文化艺术活动，见图10.5。这些活动不仅为消费者提供了丰富多样的体验，同时也为品牌创造了一个与文化艺术相结合的营销传播平台。

图10.4　之禾空间的全系列旗舰店、书店、画廊

图10.5　之禾空间的文化艺术活动海报

在品牌宣传方面，与其他品牌不同的是，之禾没有签约品牌代言人，而是选择与品牌调性相符的名人合作，在活动或日常生活中穿着之禾的服饰，以更自然、非商业化的方式展现品牌形象和价值观。之禾通过与各界名人的合作来展示品牌形象和价值观，这种策略不仅帮助之禾拓展了消费者群体和提升了口碑影响力，还有效避免了代言人带来的潜在风险和成本压力，更重要的是通过与文化艺术家的合作，进一步强化了品牌与文化的联系。之禾以一种独特而自然的方式向消费者传递品牌的理念和价值观，通过展示品牌与文化艺术的融合，突出了之禾在时尚、文化和艺术等方面的全新体验。

## 10.3 总结

之禾能够成功的其中一个重要原因是在文化塑造方面的努力。之禾将自然质朴、天人合一等非常中国化的元素融入品牌的文化内涵中，与消费者建立起了情感上的共鸣。同时，与品牌理念相一致，之禾还注重产品本身的研发和保持优质的品质，真正做到了可持续的环保时尚，进一步强调了其文化特色，同时也得到了消费者的认可和信任。在文化层面上的精心塑造，不仅在消费者思维中留下了深刻印象，也为之禾的销售增长提供了支持。

另外，之禾的营销传播策略也发挥了关键作用。无论是传统媒体还是数字媒体，之禾都积极运用多种渠道来传达其品牌价值和产品优势。在不同的营销触点和渠道上进行协调和整合，将其品牌理念和形象融入整个营销策略中，以确保品牌形象和信息的一致性。以品质、健康和可持续发展为核心理念，之禾在产品、宣传和包装等方面都传达着这些价值观。此外，之禾还积极开展跨界合作，借助各界名人的社会影响力，拓展更多的消费者群体，增加与消费者连接的机会。之禾注重讲好品牌故事，以多元化的方式向消费者呈现品牌文化内涵。这些营销手段相互整合与协调，为宣传推广带来巨大增益，有效地树立起之禾品牌形象。

第十一章　森马与抖音电商
　　　　　共同成长

## 11.1　案例背景及简介

电商的兴起深刻地改变了消费者的购物习惯，也给传统零售模式带来了极大冲击。如何实现电商转型仍然是服装品牌面临的挑战。抖音直播电商是中国增长十分迅速的新兴电商渠道，基于其短视频应用所积累的庞大的用户群体，抖音直播电商成为很多服装品牌实现电商转型和业务增长所关注的重点。

森马是一个以"95后"新青年为目标受众，以青春、休闲、舒适、性价比为风格特色的时尚服饰品牌。作为一家拥有20多年历史的时尚品牌，森马曾经在实体渠道上取得了很大的成功。然而，随着电商的崛起和消费者购物习惯的改变，森马也意识到了电商渠道的重要性，开始逐步转型到电商领域。森马是第一批入驻抖音电商的品牌，双方的合作相当紧密。森马在抖音电商起步阶段即与平台深度绑定，借助抖音平台的流量和用户增长，获得了快速的业务增长，成为抖音电商的成功案例之一。

## 11.2　抖音直播电商的运营模式

2020年年初，森马的线下门店受疫情影响陷入发展困境，森马便积极探索新的运营渠道。彼时抖音电商正处于发展阶段，森马看到了抖音带来的发展机遇，便从集团内部其他团队中调集人手组成了抖音运营团队。森马抖音业务管理模式的特点是：KPI目标设定明确，业务围绕目标展开，人员分工明确，团队有较大自由度。

比如，巴拉巴拉童装抖音电商直播团队大概有 30 人，由一个负责人统筹。团队负责人有全年的业绩目标，负责人根据目标对团队进行分组分工，把目标拆解分配到每位成员。巴拉巴拉在抖音的业务主要有 3 大板块：品牌自播、达人直播和代播。其中品牌自播占比最大。如果全年销售目标是两亿元，拆解到自播的业绩目标可能是一亿元，在人员配置上就会有 20 人分配到这一板块负责自播的运营。确定了人员的拆解逻辑后，目标继续被细分到时间维度如月、周、日、场次等，甚至主播具体的工作内容和销售目标。森马会根据抖音直播的运营特点给主播设定一些考核指标，如直播过程中的人均停留时长、互动率、点赞率、转化率等，这些数据都是制定抖音直播优化策略的基础。

# 11.3　电商中的"人、货、场"

"人、货、场"三要素是营销的基本要素，同时也是零售业最重要的逻辑，三者之间的资源整合和协同是零售管理的关键。在不同时期和应用领域，"人、货、场"的具体解读会有所差异。在零售业里，"人"指消费者和用户，是未来商品零售最重要的营销资源。运用大数据、人工智能等先进技术手段，对消费者的相关数据进行分析得到消费者画像，可以帮助品牌更好地了解消费者更深层次的需求。"货"为标准化和个性化的产品、内容和服务。在新零售时期，消费者对于"货"的关注不仅仅是产品的价格与功能，他们也关注产品理念和背后的故事。这也让"货"不再单纯指的是产品本身，更多的是以产品或服务为中心构建起的营销对象融合体。"场"为卖场、场景，除了实体店外也可以是时下流行的直播、虚拟现实等场景。抖音电商中可指销售环境和营销场景，包括电商平台的页面设计、营销活动、营销手段等。

具体到直播电商领域中，"人"是核心，即直播间的主播；"货"是关键，即直播间推荐的商品；"场"是前提，即直播间的背景布置。在直播电商中，深入剖析电商平台的游戏规则和推荐算法可以让品牌的营销投放事半功倍，"人、货、场"三个要素的密切配合更是直播电商运营的关键。

# 11.4  森马对"人、货、场"三要素的整合

多年来,森马电商通过直接与电商平台建立紧密的联系来实现对消费者的精准触达。森马在抖音运营过程中的一些成功营销活动,离不开对"人、货、场"三要素的整合运用。

森马在抖音运营中对"人"的相关资源进行了整合。要素"人"可拆解成森马在抖音电商中的运营团队、抖音平台上合作的明星达人等具有传播影响力的人群,以及最终要触达到的用户和消费人群。灵活运用年轻化专业团队,深耕抖音平台的运营特点,同时借助平台上的达人和明星等人气资源带来的影响力,根据数字化构建出的消费者画像进行精准营销,这是森马品牌在抖音电商运营中对"人"要素的一种资源整合,同时也为"货"和"场"蓄力和提供核心保障。

森马对"货"的把控较为严格,在保障品牌产品的设计和品质是优质的并且符合目标消费人群的需求的同时,也注重营销过程中内容的制作和创意。森马在抖音发布的视频和活动主题等都与品牌形象紧密相连,以年轻、时尚、快乐的形象作为品牌宣传的主要内容,这与森马一贯注重的年轻化、时尚化的品牌形象不谋而合。

一场优质的营销"场"是需要品牌在营销活动前后对各种资源进行整合而打造出来的,其中也离不开"人"和"货"的资源配置。"场"的打造更像是营销资源的一种整合和呈现。森马从前期根据消费者洞察进行的创意逻辑构思,人员资源的高效配置,到具体的营销内容、营销场景的布置以及宣传媒介的选择等方面都进行了一定的整合与协同。

在保障产品优秀的情况下,品牌以消费者为中心,将品牌团队人员配置、内容创作、营销活动等"人、货、场"的要素进行整合,通过与明星博主、用户互动、渠道整合传播等多种手段,努力实现营销策略的全面覆盖和互动效果的最大化。

## 11.4.1  人:灵活且专业的团队,深耕抖音运营

围绕人群画像,进行精准人货匹配可促进销售。不同的人群有不同的消费特点和消费水平。森马运用了大数据和人工智能等新兴技术来解读消费者需求,构

建消费者画像，更好地了解消费者深层次的需求，以便品牌生产和销售消费者需要的产品，以及选择特定的销售方式和渠道进行精准营销。森马会结合抖音用户模块上线的人群画像进行分析，洞察消费偏好以及对店铺商品的喜好，进行精准人货匹配。

森马在抖音上的组织架构特点是年轻、专业且灵活。森马的抖音运营团队几乎都是年轻的"80后"和"90后"，他们更具有创新思维和敏锐的市场洞察力，能够更好地把握年轻用户的心理和需求。团队会深耕抖音平台的运营特点，研究抖音的用户画像、平台算法、流量规则等，并制定针对性的运营策略。此外，森马会根据消费者习惯和抖音的发展态势，调整人员组织架构。2022年5月，抖音提出了"全域兴趣电商"概念，推出了商城和搜索场景。森马迅速响应，组成了专注于抖音商城和搜索的团队，并在随后的7月开始孵化抖音商城项目。在4个月的时间里，森马旗下巴拉巴拉品牌在抖音泛商城的销售实现了日销4倍多的增长。

森马除了有灵活且专业的组织，在重大营销节点还会借助抖音平台中具有传播影响力的明星达人和头部主播等流量人群资源进行营销推广。这些抖音达人和KOL等具有广泛的受众和一定的信任度。他们在抖音上发布关于森马品牌的视频内容，展示品牌的设计、质量和穿搭效果等，都起到很好的传播效果。

### 11.4.2　货：以产品为中心的营销内容融合体

"货"除了是传统的产品，森马在抖音的运营中更重视以产品为中心构建起的营销内容融合体，即营销内容和形式。森马在抖音采用了多种形式的内容营销，通过精准的推广和有趣的内容来吸引年轻用户的关注。以下为森马常用的几种营销形式：

**明星代言：**邀请知名明星作为代言人，在抖音上发布与森马相关的视频。此外，森马也会邀请明星代言人在抖音上直播，展示产品，并现场带货。

**时尚穿搭指南：**森马在抖音平台上发布时尚穿搭指南营销视频，以时尚、年轻为主调，向用户展示如何搭配森马的服装，让用户更容易地理解和接受品牌的时尚理念。

**时装秀：**森马在抖音上发布了许多时装秀视频，向用户展示森马的最新时装设计和风格。例如，森马2021年秋季时装发布会，视频里展示了森马2021秋季时装发布会的情况，其中包括多个场景的时装秀和背后的故事，以及一些有趣的幕后花絮。

**情境短片**：森马在抖音上发布了许多情境短片，通过创意和有趣的情境来展示森马的服装和品牌形象。例如，2021年11月，周冬雨在一段情境短片中扮演一个匆忙赶路的年轻女孩，身穿森马的衣服，在熙攘的城市街道上行走，风格简约、时尚、有活力，与她身穿的森马衣服相得益彰，诠释了森马品牌的年轻时尚特点。

**互动活动**：森马在抖音上举办了如抽奖、参与挑战等互动活动，以增加用户的参与度和提高品牌曝光度。例如，"省钱攻略"活动，森马邀请时尚博主在抖音上分享他们的省钱穿搭技巧，同时向用户推荐特定的森马商品。

### 11.4.3 场：销售场景之外，营销场景也是众多资源整合的一种呈现

森马联合抖音电商超品日举办的2021冬季新品发布会"穿越舒服之境"，是一场充满创意的沉浸式走秀活动。该活动营销目的和策略清晰明确——针对Z世代年轻消费群体，重新激活森马经典品牌主张"穿什么就是什么"，契合年轻消费群体渴望做自己的内心需求。活动主要通过营造舒适感和自由感的营销场景氛围，将品牌形象与产品特点有机地融合在一起。森马在这场营销活动中对场景的构思和布置都比较新颖，并且将"人、货、场"的资源进行了归整，做到"人、货、场"三合一，活动曝光量也很高，成为抖音平台入库的经典案例。

这次活动"场"的打造是将发布会现场搭建在海拔3059米的茶卡盐湖天空之境，以湖面为镜面，寓意自我审视的"镜子"，并将两条平行贯穿茶卡盐湖的铁轨变成得天独厚的时尚T台，用更沉浸式的场景互动体验，与年轻人探讨"穿什么就是什么"背后的品牌态度表达。不止于此，大秀现场还打造了一座抖音镜子迷宫，在为秀场视觉及沉浸体验加分的同时，也对准年轻人的情感表达展开了一场找寻自我的情感碰撞。此次活动场景的打造新颖且有创意，既贴合品牌的产品理念又自带一定的话题热度。

这场营销活动以"人"为核心，创意逻辑是基于消费者洞察出发的。森马团队通过市场调查与用户调研发现，Z世代年轻人不再单纯地追求品牌本身，更关

注产品能否满足他们的需求。基于这个洞察，森马提炼出 Z 世代穿衣上的一个核心需求——舒服，发布会主题"穿越舒服之境"也因此而定。兼顾后期传播的话题性，森马选择了把"场"布置到海拔 3059 米的青海茶卡盐湖。茶卡盐湖被誉为"天空之镜"，是年轻人喜爱的打卡圣地之一，在年轻人中具有很高的话题性。

在"货"（产品）的研发设计上，除了围绕着这次的主题理念"舒服时尚"进行产品的设计之外，森马还推出了代表民族自豪感的国潮服饰。这几年随着年轻消费者民族文化自信的崛起，森马也乐于在服装中增加民族元素来彰显民族自豪感。这场发布会现场发布的系列产品满足年轻消费群体在多场景下的需求，让其穿得舒适并且穿出民族自豪感。

除了以上优质的产品和场景构建之外，森马对营销的内容和传播渠道进行了整合。以抖音站内"穿什么就是什么"的挑战赛、利路修悬念营销（包下 10 个城市的大屏，展出了品牌大使利路修的极简求助海报，让全国网友教当红艺人利路修穿搭）等内容，激发用户的互动积极性，引发不同圈层消费者的热议。森马对线上线下传播渠道进行了整合，全景布局"穿越舒服之境"。除了线上通过抖音直播间对活动全程进行直播外，还联动了纽约时代广场、国内重点十大城市的地标 LED 和线下门店商圈，同步发布会节奏强势引爆热度。

## 11.5  总结

多年来，森马电商通过直接与电商平台建立紧密的联系来实现对消费者的精准触达。森马在抖音运营过程中的一些成功营销活动，也离不开整合营销的有效实践。森马在保障产品力优秀的情况下，以消费者为中心，将品牌团队人力资源、内容创作、营销活动等进行整合，通过与抖音、明星博主、用户互动，渠道整合传播等多种手段，实现了营销策略的全面覆盖和互动效果的最大化。森马品牌通过专业且灵活的组织架构，以产品为核心内容，结合线上线下的互动，将"人、货、场"三要素充分整合，与抖音平台共同成长，在不平凡的时间里成为服装品牌电商转型的标杆案例。

# 第十二章　罗意威的本土化策略

## 12.1　案例背景及简介

随着中国中产阶层人口的扩大，越来越多的中国消费者具备购买奢侈品的能力。许多国际奢侈品牌将中国市场视为重要的机会，投入了大量资源进行品牌推广和营销。然而在本土化进程中，国际品牌常遇到跨文化营销的问题。比如，一些为中国市场开发的根据中国本土文化设计的产品，由于被消费者认为是生搬硬套，未真正理解中国文化而招致大量负面口碑。这说明理解本土市场和文化背景，有效地与消费者沟通，是国际奢侈品牌需十分注意的问题。

罗意威（LOEWE）是源于西班牙的奢侈皮具品牌，以精湛的工艺、独特的设计、高质量的材料而著称。其产品涵盖服装、鞋履、皮具、珠宝和香水等多个领域。2022 年 11 月，其推出的中国单色釉系列产品，探寻了中国瓷器文化，引发了网友热议。事实上，罗意威对于中国传统文化的探索始于更早之前。罗意威从 2019 年的中国农历新年起，连续三年发布以中国工艺故事为主题的专题纪录片。2022 年，又邀请青年演员吴磊和专业厨师朱厘米，呈现以探寻包饺子的门路奥妙为主题的新春短片。罗意威通过这些本土化的表达与中国消费者进行了沟通，获得了消费者的情感共鸣。其整合营销策略体现了其对中国传统文化的探索，使品牌获得了较好的大众口碑。

## 12.2 国际品牌本土化整合营销策略

随着国内消费者的日益理智和成熟，他们对国际品牌的诚意提出了更高的期待。在涉及本土文化的领域中，消费者常对国际品牌同质化产品和流于表面的营销感到不满。如一些品牌的生肖系列产品和七夕营销被认为具有"辱华""抄袭"的性质。相比而言，罗意威在进入中国市场时则十分注重寻找与本地文化融合的机会，将品牌自身特点和本土文化进行了有机结合，既坚持了品牌本身的调性，又与本土消费者建立了情感上的连接。

### 12.2.1 符合品牌特质的传播内容

在使用本地文化时，品牌要把握好品牌与本地文化内在联系与逻辑，找到合适的结合点，并以恰当的方式进行表达和传播。罗意威在中国市场找到的与本地文化的连接点为"手工艺"。罗意威品牌标志性的"手工"标签与中国传统手工艺文化具有共性，两者的结合十分符合逻辑，这成为品牌在中国市场跨文化营销的基础。

历史上，罗意威一直秉持着"工艺美术运动"所提倡的对手工艺的尊重。其早在1988年就设立了基金会（LOEWE foundation），用以发现和培养手工人才。2016年，罗意威成立了罗意威手工艺奖（LOEWE Craft Prize），寻访手工艺人并为其进行宣传，使品牌成为一个传播手工艺文化的媒体平台。中国传统手工艺文化源远流长，涵盖各个领域，包括陶瓷、织锦、雕刻、剪纸等。这些传统手工艺体现了中国文化中的智慧和技艺。罗意威十分敏锐地理解到在这些传统手工艺中所蕴含的文化价值，因而力图将品牌传播与这些传统手工艺文化结合，以此展现品牌的文化底蕴。

### 12.2.2 符合品牌调性的传播方式

在找到了"手工艺"这一品牌与中国文化的连接点后，罗意威利用了多种传播方式来展现这一结合。在奢侈品牌中，罗意威的传播常给人留下相对低调、不张扬、有内涵的印象，这突出了品牌的诚意和格调。罗意威与《卷宗》（*Wallpaper*）杂志连续三年在春节期间合作打造了《家·承》系列专题纪录片。在第一季时，制作组造访了陕西、贵州、上海三个地方的传统手艺世家，请他们分别讲述了剪纸、蜡染、点心这三种中国传统手工艺，见图12.1。纪录片讲述了用亲情承袭艺术的故事。第二年，制作组又走访了浙江、云南、山东的三个传统工艺世家，记录了板凳龙、皮影戏、中国结的传承故事。第三年选择了四川、安徽、陕西的三个传统工艺世家，记录了渔糕亭工艺、木板年画、道明编竹。每部纪录片时长在两分钟左右，镜头语言细腻丰富，十分直观地呈现了当地的手工技艺。

图12.1　罗意威《家·承》系列第一季

通过在春节时期发布这样的短片，罗意威很好地利用了节日的氛围，与观众取得了情感连接。短片中展示的传统手艺和主人公的亲切乡音，拉近了品牌与消费者之间的距离，增加了消费者对品牌的兴趣。数据显示，《家·承》系列片三季的视频播放量逐季提高，这反映了品牌的持续行为使消费者感受到品牌的真诚，激发了他们的共鸣。

相较于邀请明星站台、媒体投放等这类同质化的传播形式，罗意威更多地将传播预算投入到了举办展览、制作短片和公益捐款等形式上。2021年，罗意威选择在ART021上海廿一当代艺术博览会举办"中国单色釉陶瓷展览"，向单色釉陶瓷手工艺文化致敬。该展览呈现了国家级非遗代表性传承人邓希平打造的单色釉陶瓷金钟碗系列艺术作品。展览后一百六十件作品被送至罗意威门店内，与全国消费者展开近距离的接触，见图12.2。此外，以此次活动为契机，罗意威捐款资助了国内唯一一所以陶瓷研究为特色的大学景德镇陶瓷大学，并在那开展了"单色釉陶瓷教育项目"，意图让更多年轻学生与艺术家继续传承此工艺。这种不关注短期商业回报的营销方式，展现了品牌与本土文化长期对话的决心。

图12.2　中国单色釉陶瓷展览

### 12.2.3　契合品牌内核的产品创新

产品是品牌文化的有形展示，是品牌与消费者之间的纽带。对于国际品牌来说，如何在保持品牌内核不变的前提下巧妙地融合当地文化是一个十分微妙的问题。罗意威的本土化产品设计较好地达成了与本土文化的结合。罗意威的设计并非生搬硬套、刻意搬运和添加文化符号，而是利用概念上的共通之处，将中国文化的元素与罗意威品牌本身的风格有机融合。

持续性地与中国传统工艺有关的传播活动使品牌获得了一定的消费者认知。在此基础上，罗意威于 2022 年 11 月，推出了 2023 早春中国单色釉系列产品（图12.3），将单色釉瓷器的灵感融入品牌成衣和标志性包袋（如 Puzzle、Hammock、Flamenco）的设计中，向明清两代的瓷器工艺致敬。这一实质性的动作引起了更为广泛的社会讨论。为了彰显中国单色釉陶瓷的文化价值，罗意威邀请了国家级非遗代表性传承人邓希平、北京故宫博物院研究馆员王光尧和英国当代陶瓷艺术家娜塔莎·丹特里（Natasha Daintry）进行了对话，一同探讨单色釉的历史、工艺及其对人类审美的影响。这些对话被制作成中英文宣传片进行了全球发布，展示了品牌的内涵和诚意。

图12.3 罗意威"纯色天成"单色釉系列

## 12.3 总结

回顾罗意威一百多年的发展历史以及从西班牙本土成功走向全球奢侈品市场的过程，成就品牌的重要因素是其对"手工艺"文化的持续挖掘、培育和创造性运用。罗意威在中国市场的品牌传播取得良好口碑也是因为其将品牌的内核与中国传统手工艺文化进行了有意义的结合。品牌采取"内敛"的营销方式，避免了过度曝光和促销的弊端，突出了品牌的内涵。

整体来看罗意威在产品概念和营销传播上进行了有机的整合，取得了文化与商业、自身与交流对象、品牌内核与外部热点之间的平衡。不论是中国传统工艺主题短片，还是推出本土化产品，罗意威没有刻意讨好本土消费者，而是从品牌自身特点出发，进而关注具有本地特色的文化资产。这种低调但具有深度的表达或许在短时间内显得不温不火，但却令人信服，从长远来看丰富了品牌的形象，为品牌积累了坚固的品牌资产。

第十三章　希音海外市场
整合营销策略

## 13.1　案例背景及简介

　　跨境电商品牌进行海外拓展的过程中存在着种种难以避免的风险和挑战，各市场的文化差异是其中的关键因素之一。如何弥补文化隔阂让跨文化消费者对品牌产生认知和认可，是跨境电商品牌在做营销策略时需要思考和解决的问题。2008 年诞生于中国南京的跨境电商快时尚品牌希音（SHEIN），在这个问题上有了较好的回答。历经十余年发展，希音已成长为中国出口类跨境电商的行业龙头，成为全球快时尚领域的一匹"黑马"。

　　希音主要专注于女装，但也开发男装、童装、配饰、家居饰品、彩妆等产品线。品牌业务目前已遍及全球 220 多个国家和地区，主要的消费市场位于欧洲、北美、中东、俄罗斯等地。希音有多达 16 个小语种网站和 2 个自营网站可以进行在线交易。其移动端销售应用下载量超过 1 亿次，成为许多国家和地区中排名第一的购物应用程序。众所周知，希音的"柔性供应链"是其企业竞争力的重要来源，但不容忽视的是其整合营销策略亦是其在海外许多市场得以不断成长的要因。

## 13.2　海外市场整合营销策略

　　希音从多个方面进行海外营销的整合。希音首先通过自建跨境电商网站进行直效营销，与海外消费者直接沟通，实现了产品与当地消费者的协调。在营销传播方面，希音还整合了多种营销方式，通过多种社交媒体、海外 KOL 营销和明星代言等方式进行多触点和全方位的营销。此外，希音还会通过多种促销策略来刺激和绑定消费者。

### 13.2.1 自建跨境电商网站实现产品、渠道、传播与当地消费者的协调

直效营销指企业通过直接与潜在客户进行沟通和互动来促进销售的一种营销方式。这种方式的目的是直接向个人或组织推销产品或服务，并通过收集、分析和利用客户数据，实现高效的营销效果。与许多依赖大型互联网平台（如速卖通，亚马逊）作为销售渠道的出海品牌不同，希音将主要资源放在独立电商网站建设，实现了品牌与消费者的直接连接，这降低了产品、渠道、传播与当地文化和消费习惯匹配的管理难度，使品牌能更灵活地适应不同特点的市场。

考虑到不同地区市场的文化背景和审美观点不同，希音从图片、文字表达、网页导航布局等方面对不同地区的网站进行差异化设计。希音的官网和 App 首页的内容会根据用户的登录地点和语言的不同而有所差异，其大数据系统会根据不同地区消费者的偏好，在首页推荐具有当地特色的商品。希音比较注重产品和图片展示风格的选择，网站图片中服装、模特和背景会根据不同国家的文化背景和审美观点等因素做出差异化的设置。以文化差异较大的美国和阿拉伯地区网站为例，表 13.1 中展示了服装风格、服装款式、模特以及图片背景上的差异化设置。

表13.1　希音在美国网站和阿拉伯地区网站上图片的差异化设置

| | 服装风格 | 服装款式 | 模特 | 图片背景 |
|---|---|---|---|---|
| 美国 | 以休闲、时尚为主 | 款式和颜色多样 | 多种肤色的人群，以白人为主 | 多选择在户外场地，如街道、草坪、花园等 |
| 阿拉伯地区 | 以保守、含蓄为主 | 多以长袍、长裙为主 | 多为穆斯林女性 | 多为配以奢华精致家具的室内场景或沙漠，这符合当地女性消费者的偏好和外出频率偏低的特点 |

在文字语言表达方面，希音对于不同的站点会提供不同的语言选择。在官网的企业介绍板块针对不同的目标群体侧重点会有所差异。在美国网页中介绍了企

业的简介、员工情况、发展历程、企业理念、技术创新和数字化供应链等内容。员工情况中会突出男女比例信息，这是因为美国对职场中性别歧视等议题较为敏感，结合美国社会更关注企业的技术力和创造力的特点，因而还突出介绍了技术创新和数字化供应链的内容。相比之下，阿拉伯语网页介绍了企业的简介、企业理念、产品设计、产品质量、物流、顾客服务等，它更侧重产品本身的设计和质量，贴合中东市场群体对高质量产品的偏好，且针对中东地区物流不发达的情况，也重点强调了物流的及时性特点。

在网页导航布局设计方面，美国和阿拉伯地区网页主菜单的商品分类大致相同，但对细分栏目根据文化情形进行了调整。以女装流行趋势栏目为例，此栏目通常会展示一些当前比较流行的女装款式，介绍潮流趋势和其适用场合的分类。在美国网页中有"运动、性感"等风格分类，有"牛仔裤""迷你裙""卫衣"等服饰穿搭方案；而在阿拉伯地区网页中显示了"优雅、休闲、亲子装"等分类，如"修身连衣裙""阿拉伯风格长袍"等，突出了相对保守的特点。此外，根据阿拉伯语从右到左的阅读和书写习惯，希音在阿拉伯地区网页的排布上也使用从右向左的呈现方式。

可见，希音通过独立网站的建设，掌握了直接与消费者进行接触时的主动权，帮助其以较高的效率实现了商品、图片、展示方式、内容与不同地区的消费者的需要和市场环境的匹配。

### 13.2.2　利用社交媒体密切与本地消费者的连接

除了使用自建独立网站直接控制与当地消费者的对话，希音也利用社交媒体账号与消费者直接进行沟通，在各大主流媒体平台如脸书（Facebook）、照片墙（Instagram）打造出自己数以千万的粉丝群体。如表13.2、表13.3所示，相比其他快时尚品牌如飒拉（ZARA）、H&M、拓扑肖普（Topshop）等，希音在社交媒体平台上的活跃度极为突出，在发帖的数量、内容质量以及粉丝的互动上都显示出较高的水平，这无疑增强了品牌和消费者的情感连接。

表13.2　2021年5月快时尚品牌社交媒体活跃度

| 社交平台 | 数据区间 | 希音 | 快时尚服装品牌 | | | | 快时尚电商平台 | |
| --- | --- | --- | --- | --- | --- | --- | --- | --- |
| | | | 飒拉 | H&M | 巴适卡（Bershka） | 拓扑肖普 | 阿索斯（Asos） | 飒芙（Zaful） |
| 脸书 | 近一周发帖量 | 64 | 1 | 0 | 9 | 0 | 68 | 6 |
| 照片墙 | 累计发帖量 | 1.7万 | 3 267 | 6 107 | 3 728 | 8 175 | 1.2万 | 7 138 |

表13.3　2021年5月快时尚品牌社交媒体粉丝量（万人）

| 社交平台 | 希音 | 快时尚服装品牌 | | | | 快时尚电商平台 | |
| --- | --- | --- | --- | --- | --- | --- | --- |
| | | 飒拉 | H&M | 巴适卡 | 拓扑肖普 | 阿索斯 | 飒芙 |
| 脸书 | 2 129 | 2 974 | 3 928 | 1 178 | 419 | 702 | 915 |
| 照片墙 | 1 850 | 4 280 | 3 670 | 960 | 1 040 | 1 130 | 570 |
| 拼趣 | 270 | 130 | 120 | 37 | 37 | 110 | 78 |
| 合计 | 4 249 | 7 384 | 7 718 | 2 175 | 1 496 | 1 942 | 1 563 |

希音品牌的消费群体以 20 岁至 35 岁、收入一般的职业女性为主，其服装消费诉求是希望买到物美价廉又能凸显个性的时尚产品。且她们热衷于社交媒体，深受网红经济的影响。针对这一特点，希音充分利用了成本较低的 KOL 来进行"网红营销"；由于网红对当地的消费者十分熟悉，他们结合品牌特点创作出了许多贴合本地消费者偏好的高质量作品，形成了小网红做流量和外链、中部网红带货、头部大网红做品牌传播的营销矩阵。品牌也通过网红密切了与消费者的连接，降低了外来品牌可能带来的文化冲突。

此外，希音还深谙明星偶像的力量，通过明星效应多方位触达潜在消费者。近些年，随着品牌规模的不断扩大，希音也开始请来了许多著名的当地明星进行营销宣传。例如，贾斯汀·比伯（Justin Bieber）的妻子海莉·比伯（Hailey Bieber）就曾在照片墙上直播为大家种草希音的服饰搭配；与热门美剧《河谷镇》中的女主角玛德莱娜·珮切（Madelaine Petsch）进行产品系列合作并拍摄广告；

邀请凯蒂·佩里（Katy Perry）等知名音乐人举办全球直播活动"SheIn together"等。明星营销传播策略有助于品牌进入海外市场时提高其在当地的信任度，增加了潜在消费者对于品牌的认知。

不论是使用多种社交媒体，还是采用网红营销和明星代言推荐的方式，希音通过多种渠道全方位进行品牌推广，触达消费者各个触点，密切与消费者的联系，实现全方位整合营销。

### 13.2.3　配合促销策略绑定消费者

促销策略是希音整合营销策略中的重要一环，牢牢抓住了许多市场消费者消费降级的诉求。由于拥有独立网站资源，希音可以更便利地获得消费者洞察，对于不同市场中的不同细分消费人群，能够依据当地宏观环境和文化相关因素来制定促销策略，在当地消费者群体中形成广泛的口碑。希音在制定促销节点和活动方式时，会针对不同国家和地区的文化特点和习惯进行差异化设定。在西方国家，具有宗教意义的感恩节、圣诞节以及"黑色星期五"等是希音进行促销活动的高峰期。希音的美国站点非常重视"黑色星期五"的大促，在自身平台和社交媒体账号上都会提前投放相关广告，发放优惠券，对商品大幅降价以吸引顾客。中东地区由于穆斯林文化盛行，促销活动则一般定在斋月前后。

以下是希音常用的一些促销活动（图13.1）：

**新用户优惠**：为吸引更多的新用户，希音会推出针对新用户的优惠活动，如首次下单立减、首单免费等。

**折扣优惠**：希音在各个国家和地区经常推出不同程度的折扣活动。这些折扣可以针对整个网站，也可以针对特定商品或类别。

**优惠券和代金券**：希音经常通过电子邮件或短信方式发送优惠券或代金券给顾客，这些优惠券和代金券可以用于购物车结算时抵扣部分费用。

**会员福利**：希音也提供了会员制度，注册成为会员可以享受更多的福利和优惠。会员可以享受积分、会员折扣和免费送货等特殊服务。

**礼品赠送**：当消费者在希音购买特定的商品或者订单满足一定金额时，希音会提供一些免费赠品，以增加其购物体验和吸引消费者。

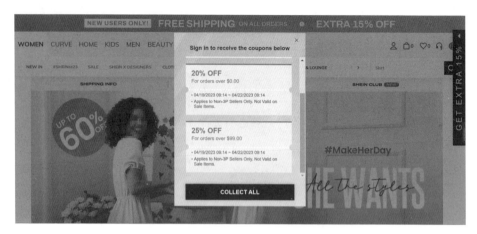

图13.1　希音网站促销页面

## 13.3　总结

在进行跨境电商运营的过程中，品牌设定整合营销传播计划时，需要结合不同国家和地区的文化差异来制定相应的营销传播计划，这样可以提升当地消费者对品牌和商品的接受度和喜爱度。

希音品牌出海成功是多方面的因素促成的，并非横空出世。希音是国内最早实践跨境电商独立网站的企业之一，多年来专注于女装这一品类，以柔性供应链为依托，充分利用和统筹各种营销触点，逐渐取得了各地消费者的认可。品牌通过与消费者之间的直接对话，获得了洞察跨文化消费者需求的能力，通过社交平台与消费者积极互动以与他们建立情感联结，通过在地化营销手段，如KOL营销、与当地明星达人合作等拉近了品牌与消费者的距离，通过适时的促销抓住了许多市场消费降级的诉求。总之，希音通过多种营销方式进行协同作战，打造出快时尚界中属于自己的一条赛道。

# 参考文献

[1] 宋琨，鲁成，高晗.服装消费行为［M］.上海：东华大学出版社，2022.

[2] BAUER R. Consumer Behavior as Risk Taking［C］. In: Hancock R，ed. Dynamic Marketing for a Changing World，Proceedings of the 43rd Conference of the American Marketing Association. Chicago：American Marketing Association，1960：389-398.

[3] 陆雄文.管理学大辞典［M］.上海：上海辞书出版社，2013.

[4] 常清.期货市场的经济学定位［J］.中国流通经济，1999（1）：3.

[5] LEON G.SCHIFFMAN.消费者行为学（第七版）［M］.北京：清华大学出版社，2001.

[6] 卫军英.整合营销传播理论与实务［M］.北京：首都经济贸易大学出版社，2021.

[7] 王勇.快时尚背景下慢时尚的兴起［J］.服装学报，2017，2(1)：6.

[8] 所罗门，拉博尔特，王广新，等.消费心理学：无所不在的时尚（第2版）［M］.北京：中国人民大学出版社，2014.

[9] 李俊.服装商品企划学——服装高等教育"卜五"委员级规划教材［M］.北京：中国纺织出版社，2005.

[10] 赵洪姗，常静.服装市场营销［M］.北京：中国纺织出版社，2015.

[11] 程宇宁.整合营销传播——品牌传播的策划、创意与管理［M］.北京：中国人民大学出版社，2014.

[12] 蒂姆·库克.品牌力量：用品牌和知识产权策略抓书新商机［M］.北京：中国人民大学出版社，2016.

[13] 凯文·凯勒.战略品牌管理［M］.上海：上海三联书店，2006.

[14] KIRMANI，A.，RAO，A. R.，& SERENKO，A.（1995）. The dimensions of perceived quality：A confirmatory factor analysis［J］. Journal of Marketing Research，32（2），184-193.

[15] VENKATESH SHANKAR，GLEN M. SCHMIDT，JAGDIP SINGH.(1999). Consumer Information Search Revisited：Theory and Empirical Analysis［J］. Journal of Consumer Research，26（1），74-83.

[16] 郭洪，杨勇攀.品牌营销学（第三版）［M］.四川：西南财经大学出版社，2021.

[17] 张凤玲.LILY：让女性成为最好的自己［J］.中国品牌,2023(02):34-35.

[18] 苑田叶.小众服装品牌的艺术风格及其影响初探［D］.北京：北京服装学院，2019.

[19] 魏元潇，宋琨，钟绮桐.基于社会化聆听的服装品牌资产度量方法［J］.丝绸，2022，59（09）：62-70.

[20] 林小燕，张佳颖.国产体育品牌李宁的品牌活化策略研究［J］.中国商论，2023，No.874（03）：92-95.

[21] 寿晓红.太平鸟集团风尚男装品牌市场营销策略研究［D］.昆明：云南师范大学，2019.

[22] 牛思佳，沈雷.数字化转型下服装品牌营销渠道的策略分析［J］.毛纺科技,2020,48（04）：70-74.

[23] Lululemon：一条瑜伽裤的底层增长逻辑［EB/OL］.［2020-11-16］. https：//www.jiemian.com/article/5258190.html.

［24］唐·E·舒尔茨.整合营销传播［M］.北京：中国物价出版社，2002.

［25］克里斯蒂安.服务管理与营销［M］.北京：电子工业出版社，2002.

［26］于婷婷，李昀晞.数字营销时代，基于消费者旅程的品牌触点传播研究（上）［J］.国际品牌观察，2021，（13）：34-7.

［27］SCHULTZ D E, TANNENBAUM S L, LAUTERBORN R F. The New Theories of IMC［M］. Beijing: China Water Conservancy and Hydropower Press, 2004.

［28］薛可.整合营销传播学：移动互联网时代的 IMC 新论［M］.上海：上海交通大学出版社，2019.

［29］吕行.基于大数据技术的品牌触点传播管理研究［D］.广州：华南理工大学，2016.

［30］杰拉米·巴拉斯.快闪共和国：如何成功建立快闪空间、店面和餐厅［M］.北京：电子工业出版社，2016.

［31］吕勇明.现代商业企业管理（高级）［M］.上海：上海辞书出版社，2009.

［32］阿里学院.网络整合营销［M］.北京：电子工业出版社，2013.

［33］肯尼斯·E.克洛，唐纳德·巴克.广告、促销与整合营销传播［M］.北京：清华大学出版社，2015.

［34］HUNG K. Why Celebrity Sells: A Dual Entertainment Path Model of Brand Endorsement［J］. Journal of Advertising: 2014, 43（2）: 155-66.

［35］贾森·米列茨基.网络营销实务：工具与方法［M］.北京：中国人民大学出版社，2011.

［36］陈德人.网络营销与策划：理论、案例与实训：微课版［M］.北京：人民邮电出版社，2019.

［37］江小珍.浅论出版社私域流量发行网络的构建——以微信私域流量矩阵为例［J］.传媒论坛：2022，5（08）：59-62.

［38］董军浪.服装表演的起源与演变［J］.纺织高校基础科学学报：2010，23（01）：114-9+22.

［39］郑慧敏.英国时装秀发展历程研究［D］.北京：北京服装学院，2012.

［40］胡兰西，马小丰.英国时装会展业发展历程探析［J］.山西师大学报（社会科学版）：2009，36（S1）：125-6.

［41］佟季阳.大都会艺术博物馆时尚展览的兴起［J］.美术观察：2023，No.329（01）：65-6.

［42］薛雁.中国纺织服装类博物馆的类型与特色［J］.中国博物馆：2006，（04）：23-7.

［43］特伦斯.A.辛普.整合营销传播：广告与促销［M］.北京：北京大学出版社，2013.

［44］HOLLIMAN G，ROWLEY J. Business to business digital content marketing: marketers' perceptions of best practice［J］. Journal of Research in Interactive Marketing, 2014, 8（4）: 269-293.

［45］ASHLEY C，TUTEN T. Creative Strategies in Social Media Marketing: An Exploratory Study of Branded Social Content and Consumer Engagement［J］. Psychology and Marketing, 2015, 32(1): 15-27.

［46］冯崇裕，卢蔡月娥，拉奥.创意工具：Creative tools［M］.上海：上海人民出版社，2010.

［47］赖元薇.全球品牌利用社交媒体内容营销提升品牌忠诚度的机制研究［D］.北京：对外经济贸易大学，2017.

［48］WUEBBEN J. Content is Currency: Developing Powerful Content for Web and Mobile［M］.

Hachette UK，2011.

［49］ 娄慧娜.基于手段—目的链的顾客满意因素分析［D］.厦门：厦门大学，2008.

［50］ EBERHARD D. Translating means-end research into advertising strategy using the meccas model ［J］. ECONOMIA AGRO-ALIMENTARE，2017，19.

［51］ MACINNIS D. J.，MOORMAN C，JAWORSKI B J. Enhancing And Measuring Consumers' Motivation, Opportunity，and Ability to Process Brand Information from Ads［J］. Journal of Marketing，1991：32-53.

［52］ CUMMINGS，STEPHEN. Creative strategy［M］. Wiley，2010.

［53］ WELLS W. D. Measuring Advertising Effectiveness［M］. NY：Psychology Press，2014.

［54］ 李媛.广告诉求方式中的情感诉求方式研究［D］.呼和浩特：内蒙古师范大学，2011.

［55］ PETTY R E，CACIOPPO J T，DAVID S. Central and Peripheral Routes to Advertising Effectiveness：The Moderating Role of Involvement［J］. Journal of Consumer Research，1983，10(2)：135-146.

［56］ 王怀明，陈毅文.广告诉求形式与消费者心理加工机制［J］.心理科学，1999，22（5）：2.

［57］ 邢楠，田雨秋.论"运动休闲"时尚风格的形成［J］.西部皮革，2017，39（14）：2.

［58］ COTTE J，MOORE R A C M. Enhancing or disrupting guilt: the role of ad credibility and perceived manipulative intent［J］. Journal of Business Research，2005，58（3）：361-368.

［59］ 李会.浅谈奥格威大师的广告创意［J］.商，2014（19）：63.

［60］ 罗杰·A·凯林，史蒂文·W·哈特利，威廉·鲁迪里尔斯.市场营销［M］.董伊人，史有春，何健，等，译.北京：世界图书北京出版公司，2012.

［61］ Unlocking Growth：A Guide to Marginal ROI and Maximizing Your Advertising Dollars［EB/OL］.［2023-05-22］. https：//influencermarketinghub.com/marginal-roi/.

［62］ How marginal ROI tells you where to spend your digital marketing budget［EB/OL］.［2015-09-07］. https：//econsultancy.com/how-marginal-roi-tells-you-where-to-spend-your-digital-marketing-budget/.

［63］ 卫军英.整合营销传播理论与实务［M］.北京：北京首都经济贸易大学出版社，2021.

［64］ 薛可，陈俊，余明阳.整合营销传播学［M］.上海：上海交通大学出版社，2019.

［65］ 黄鹂，何西军.整合营销传播原理与实务［M］.上海：复旦大学出版社，2012.

［66］ JONES J P. Ad spending: maintaining market share［J］.Harvard Business Review，1990，68(1)：38-42.

［67］ What is an Ad Server? How does Ad Serving Work?［EB/OL］.［2023-07-03］. https：//smartyads.com/blog/what-is-an-ad-server/#what_is_a_publisher_ad_server.

［68］ What is an Ad Server and How does it Work?［EB/OL］.［2023-05-08］. https：//www.andbeyond.media/blogs/what-is-an-ad-server-how-does-it-work/.

［69］ A complete guide to Marketing Mix Model［EB/OL］.［2021-04-02］. https://www.latentview.com/marketing-mix-modeling/.

［70］ What is a Marketing Mix Model?［EB/OL］.［2023-04-01］.

［71］ 夏晓鸣，程彬，张文正.整合营销传播理论与实践［M］.武汉：武汉大学出版社，2012.

［72］ JACK Z. SISSORS，ROGER B. BARON. Advertising Media Planning (Sixth Edition)［M］.

Chigago: The McGraw · Hill Companies, 2001.

［73］ARENS W F, COURTLAND L. Bovée.Contemporary advertising［J］.Journal of Marketing, 1994, 48（2）.

［74］肯尼思·克洛唐纳德·巴克.广告、促销与整合营销传播 英文版·第8版［M］.北京：中国人民大学出版社, 2020.

［75］竺培芬, 胡运筹.整合营销传播学［M］.上海：上海交通大学出版社, 2000.

［76］OH H, JASPER CR. Processing of Apparel Advertisements: Application and Extension of Elaboration Likelihood Model. Clothing and Textiles Research Journal, 2006, 24（1）: 15-32.

［77］汤姆·邓肯.整合营销传播：利用广告和促销建树品牌［M］.周洁如, 译.北京：中国财政经济出版社, 2004.

［78］乔治·贝尔奇, 迈克尔·贝尔奇.广告与促销：整合营销传播视角［M］.郑苏晖, 林薇, 等, 译.北京：中国人民大学出版社, 2014.

［79］2021年中国内容机构（MCN）行业发展研究白皮书［EB/OL］.［2021-05-20］.https://www.vzkoo.com/document/b362190c9a957bc5560556f19981a4e6.html.

［80］广告公司有哪些部门, 如何运作？［EB/OL］.［2023-03-22］.https://www.zhihu.com/question/35677531.

［81］秒针营销科学院.营销数据中台白皮书［EB/OL］.［2019-02-18］.https://www.miaozhen.com/cn/report/white_paper.

［82］CGO时代：市场部烧钱火拼打法终结如何开启"增长黑客"模式？［EB/OL］.［2022-10-30］.https://www.m360.cn/article/info/5716.

［83］袁佳, 石丹.波司登："高端化"的艰难攀登［J］.商学院, 2022（08）: 27-30.

［84］戴静宇.波司登品牌转型升级的策略研究［J］.广西质量监督导报, 2019（06）: 108-109.

［85］张煜琳, 汪建华.中国服装品牌文化塑造的探析［J］.国际纺织导报, 2017, 45（6）: 60–63.

［86］杨以雄, 候爱华.服装精益生产实务［M］.上海：东华大学出版社, 2014.

［87］谢晓宇.T电商公司新零售商业模式转型分析［D］.杭州：浙江工商大学, 2022.

［88］刘东风.直播营销"人货场"的演进机理研究［J］.当代经济.2022, 39（09）: 88-94.

［89］罗冰.新零售格局下快速消费品的回温动力、升级机遇与对策研究——基于"人、货、场"视角［J］.商业经济研究.2018（21）31-33.

［90］蔡一鸣.跨境电商的跨文化营销传播策略［D］.北京：北京外国语大学, 2022.

［91］邱爽.中国跨境电商企业品牌国际化研究［D］.北京：商务部国际贸易经济合作研究院, 2022.

［92］陈江涛, 吴燕晴.从产品输出到价值输出——SHEIN品牌建设［J］.经济研究导刊, 2020（34）: 56-57, 63.

［93］SHEIN——"长期主义"与"唯快不破" | 创创锦囊_长江商学院创创社区（ckgsb.edu.cn）［EB/OL］.［2022-06-01］https://www.ckgsb.edu.cn/chuang/content/news_detail/912.